KBS 특별기획 다큐멘터리

# 슈퍼차이나

**일러두기**
1. 인명과 지명은 국립국어원의 외래어표기법을 따라 표기하였다.
2. 원화로 표기된 금액은 다음 환율을 적용하여 환산하였다.
    1달러 = 1,100원, 1위안 = 175원
3. 본문에 사용한 기호의 쓰임새는 다음과 같다.
    《　》: 단행본
    〈　〉: 드라마, 영화, 잡지

KBS 특별기획 다큐멘터리

# 슈퍼차이나

중국의 힘은 어디에서 비롯되는가

**KBS 〈슈퍼차이나〉 제작팀** 지음

가나출판사

# 중국의 힘은
# 어디에서 비롯되는가

외국 여행을 하기 전에 한국인들이 찾는 곳 가운데 인사동이 있다. 여행지에서 만난 사람들에게 줄 선물을 구입하기 위해서다. 이왕이면 전통적인 분위기가 물씬 풍기는 물품이면 좋겠다는 생각에 인사동의 가게 곳곳을 뒤진다. 그다지 비싸지 않으면서도 받는 사람이 좋아할 만한 물건을 찾아낸다면 더할 나위 없이 기쁠 것이다. 그런데 가격을 지불하기 전에 물건에 쓰인 글자가 먼저 눈에 띈다.

'메이드 인 차이나.'

한복을 입은 작은 인형, 전통 문양이 새겨진 부채, 한국 문화재 모양의 냉장고 자석 등 모든 것에 '메이드 인 차이나'가 있다. 물론 '메이드 인 코리아'가 없지는 않다. 다만 가격이 비쌀 뿐이다. 여행지에서 만난 사람들에게 가볍게 주기에는 주머니 사정이 호락호락하지 않다.

여행지에서도 사정은 비슷하다. 아시아, 유럽, 중동, 미국 할 것 없이 거의 모든 나라의 상점에는 '메이드 인 차이나' 상표의 물건들이 점령하고 있다. 어딜 가더라도 눈에 띄는 버거킹과 스타벅스 같은 다국적 기업의 체인점이 세계를 서구화시킨 것처럼, '메이드 인 차이나'는 세계의 크고 작은 상점의 진열대에서 세계를 중국화시킨 듯 보이기도 한다. 어느 사이엔가 우리가 입고 있는 옷, 우리가 먹는 음식, 우리가 필요로 하는 물건이 중국에서 생산된 물품으로 채워졌다. 하지만 사람들은 위기감을 느끼지 않았다. 그냥 투덜거리면 그만이었다.

"어딜 가든 뭘 사든 메이드 인 차이나야?"

그동안 '메이드 인 차이나'에 대한 인식은 '품질은 좋지 않으나 가격은 싸다'였다. 그리고 그 이유를 중국의 넓은 영토, 엄청난 규모의 인구에서 찾았다. 세계 각국의 기업은 자국의 비싼 지대, 높은 인건비 등을 피해 중국에 공장을 세웠다. 생산단가를 낮춰 가격에서 경쟁력을 얻거나 더 많은 이윤을 남기기 위해서였다. 이미 자본주의 사고방식에 익숙한 사람들은 이러한 변화를 당연하게 받아들였다. 기업이 이윤을 좇아 움직이는 것이 당연했고, 소비자는 더 싸게 물건을 구입할 수 있기에 당연했다. 경제성장이 늦은 나라에서 제조업이 활성화되는 것도 당연했고, 경제성장이 빠른 나라에서 공장이 사라지는 것도 당연했다.

중국이 '세계의 공장'이 된 이후 사람들은 매년 중국의 GDP(국내총생산)가 올라가는 것을 보고도 그다지 큰 경각심을 가지지 않았다. 한국을 비롯한 대부분의 선진국은 이미 상업, 금융, 보험, 소송 등의 3차 산업 시대를 지나 의료, 교육, 서비스 같은 지식 집약적 산업인 4차 산업 시대로 돌입했기 때문이다. 농업, 수렵, 임업 등의 1차 산업에서 이제 2차 산업인 제조업으로 진입한 중국은 선진국이 보유한 기술이나 지식을 따라잡지 못할 것이라는 오만함도 어느 정도는 가지고 있었다.

중국의 경제성장을 눈여겨본 석학이나 중국의 변화를 직접 경험한 사람들이 두려움을 느낄 때도 많은 사람에게 중국은 그저 세계의 공장에 불과했다. 이를 입증하듯 매일 뉴스에서는 중국에서 만든 온갖 짝퉁 물건에 관한 소식이 전해지곤 했다. 마요네즈와 각종 소스를 제조해 만든 달걀, 플라스틱으로 만든 국수, 알맹이 대신 시멘트 조각이 들어 있는 가짜 호두 등 상상력도 기발한 제품이 쏟아졌다. 심지어 진짜 창문 대신 창문을 그림으로 그려놓은 고층 아파트도 등장했다.

그런데 수년 전부터 다른 이야기가 들리기 시작했다. 중국 최대 전자상거래 기업인 '알리바바'가 구글에 이어 두 번째로 큰 인터넷 기업으로 고속성장했으며, 애플과 삼성이라는 양대 산맥을 뚫고 중국의 '샤오미'가 스마트폰 시장을 재편성하고 있다는 것이다. 아시아뿐아니라 중동, 아프리카, 남미와 북미까지 진출해 도로, 댐 등을 건설하고 공장을 세웠다는 뉴스도 이제 더는 새로울 것이 없다. 중국 기업의 해외진출과 함께 세계 곳곳에 진출한 중국인들이 크고 작은 사업에서 성공을 이룬 사례도 심심찮게 등장한다. 또한 빠른 속도로 늘어난 중국의 중산층은 해외 관광의 큰손으로 부각되고 있다.

한국의 인사동만 해도 품질은 좀 떨어지나 가격은 저렴한 메이드인 차이나 제품 대신 진짜 메이드 인 차이나인 중국 관광객들로 북적거린다. 한국 관광산업의 큰손으로 부상한 중국인들은 한 가게에서 한 번에 수백만 원에 달하는 돈을 지불하며 쇼핑을 즐긴다. 인사동뿐 아니라 명동, 동대문, 홍대 지역의 가게는 중국인 관광객을 대상으로 한 화장품 가게, 옷 가게로 변신해버렸다. 이제는 서울의 유명 거리 어디를 걷든 중국말을 사용하는 사람을 쉽게 볼 수 있다. 이는 통계 수치로도 나타난다. 2001년 11월 한 달 동안 한국을 방문한 중국 관광객 수는 전체 외국인 관광객 37만 4,000여 명 가운데 8.2%

인 3만 1,000명에 불과했지만, 13년이 지난 2014년 11월에는 전체 외국인 관광객 111만 7,398명 중 41.2%에 해당하는 46만여 명이 중국인 관광객이다.

이러한 현상은 한국인에게, 무엇보다 한국 최고의 관광지인 제주도에 아주 큰 영향을 미쳤다. 이를테면 2014년 전국 지가 상승률에서 1위를 차지한 지역은 제주도다. 중국 자본이 제주도로 몰려들며 땅값을 높였기 때문이다. 중국 기업은 제주도의 땅을 사들이기 시작했고, 그 땅에 호텔, 관광휴양시설, 고급 별장 등을 지었다. 중국 관광객을 대상으로 한 관광 사업을 중국 기업이 제주도에서 진행하고 있는 셈이다. 이 때문에 많은 이들이 이러다가 제주도가 중국 땅이 되는 것 아니냐는 걱정까지 하고 있다.

중국은 어느새 경제 대국으로 성장했으며 세계 곳곳에 강력한 영향력을 미치고 있다. 이제는 누구도 이를 의심할 수 없을 것이다. 2014년을 기준으로 중국의 GDP는 10조 3,553억 5,000만 달러에 달해 미국에 이어 두 번째로 높으며 경제성장률은 7%대를 유지하고 있다. 세계 경제성장률이 평균 3.4%인 것을 생각한다면 거의 두 배에 가까운 수치다.

게다가 2023년에는 중국의 GDP가 미국을 앞지르고 사실상 가장 강력한 경제 대국으로 우뚝 설 것이라는 예측이 나오고 있다. 이 때문에 우리는 중국에 대해 관심을 가질 수밖에 없다. 위기감과 우려가 뒤섞인 관심이든 수년간 고속성장을 이뤄낸 데 대한 경이로운 호기심이든, 오늘날의 중국은 궁금증을 자아낸다.

중국은 어떻게 단기간 내에 고속성장을 할 수 있었을까? 고속성장을 가능하게 한 배경은 무엇인가? 중국의 힘은 어디에서 비롯된 것인가? 우리는 이 답을 찾기 위해 중국을 인구, 기업, 경제, 군사, 땅, 공산당이라는 다양한 프레임으로 분석하고자 한다.

KBS 특별기획 〈슈퍼차이나〉 제작팀

## PART 4
# 막강한 군사력으로 패권을 노린다, 팍스 시니카

# PART 1

# 세계 최고의 소비력,
# 13억 인구의 힘

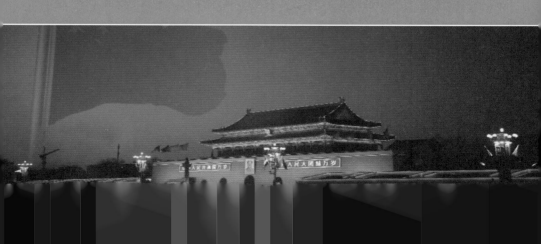

# 거대한 소비 대국의
# 탄생

---

## 가장 큰 내수시장을
## 가진 나라

전자상거래 업체인 알리바바에는 매일 1억 명 이상의 사용자가 접속해 물건을 구매한다. 이는 알리바바가 중국 전자상거래 시장의 약 80%를 점유하고 있기에 가능한 수치다. 인구 5,000만 명이 조금 넘는 한국 시장에서는 결코 나올 수 없는 숫자다. 이렇듯 알리바바의 성공 뒤에는 든든한 중국의 내수시장이 있다. 13억 명이 넘는 소비자가 버티고 있는 중국의 내수시장에서는 단 10%의 점유율만 보여도 한국 전체 시장의 세 배에 가까운 수치를 기록하게 된다. 구글이나 애플처럼 세계인이 보편적으로 이용하는 전자상거래 업체가 아님에도 알리바바가 세계 시장을 석권

할 수 있었던 이유이기도 하다.

　중국 인구는 약 13억 5,000만 명으로 미국보다 네 배 이상 많고, 유럽연합 인구를 다 합친 것의 두 배가 넘는다. 중국은 13억의 소비자가 존재하는, 세계에서 가장 큰 내수시장을 가진 나라다. 내수시장의 위력은 모바일 시장에서 특히 두드러진다. 모바일 인터넷 시대에 중국 시장은 기업에 천국과도 같다. 연간 4억만 대의 모바일이 판매되며 이 중 5%만 차지해도 글로벌 시장 10위가 될 수 있는데, 이는 중국 내 수요만으로도 삼성과 애플을 위협할 수 있다는 뜻이기도 하다.

　현재 중국에는 작은 기업까지 합하면 6,000만 개가 넘는 기업이 있다. 이 중 1%인 60만 개의 기업이 우수한 성적을 내고 있다. 이들

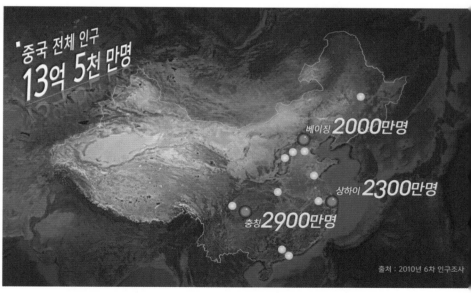

중국 전체 인구
**13억 5천 만명**

베이징 **2000**만명

상하이 **2300**만명

충칭 **2900**만명

출처 : 2010년 6차 인구조사

**중국에는 인구 2,000만 명이 넘는 도시가 3곳, 1,000만 명이 넘는 도시가 13곳이 있다.**

대부분은 알리바바와 비슷한 성장단계를 밟아왔다. 13억 내수시장에서 경험을 쌓은 뒤 그 힘을 바탕으로 해외 기술을 습득해 글로벌 경쟁력을 키우는 방식이다. 이처럼 중국은 기본적으로 거대한 자체 시장을 가지고 있어서 중국 1위가 세계 1위가 될 수밖에 없는 구조다. 하지만 중국 기업은 내수시장에서의 성공에만 만족하지 않는다. 기본적으로 세계 시장이 훨씬 크기 때문이다. 알리바바의 경우만 해도 미국, 유럽 등으로 사업을 공격적으로 확장하여 글로벌화에 박차를 가한다는 계획을 세우고 있다.

**지만수**
한국금융연구원 연구위원

미국이나 글로벌 시장에서 혁신이 이루어지고 나서 그 혁신이 4~5년 정도 지속되고 표준화되면, 그 산업은 결국 비용 경쟁력이 있고 거대한 시장을 갖춘 중국 기업이 장악합니다. 글로벌 기업 100개를 키워낼 수 있는 동력을 13억 인구와 중국의 내수시장이 제공한 겁니다.

13억 내수시장을 무기로 성장한 중국 기업은 이제 글로벌 시장에서 한국 기업의 경쟁자로 부상했다. 이 때문에 우리는 바로 이웃한 중국에 위기감을 느끼기도 한다. 그런데 조금만 달리 생각하면 중국

**'런타이뒤'는 인구수 세계 1위의 중국에서 자주 들을 수 있는 말이다.**

의 내수시장이 위기로만 작용하는 것은 아니다. 세계에서 가장 큰 소비시장이 된 중국은 우리 기업도 도전해볼 만한 매력적인 시장이기 때문이다. 앞으로도 중국에는 새로운 시장이 계속 창출될 것이다. 특히 차세대 산업은 누가 먼저 개척하고 점유하느냐에 따라 주도권이 결정될 수도 있다. 그러므로 우리에게는 차별화된 제품으로 중국 시장을 개척해야 하는 과제가 놓여 있는 셈이다.

## 미국을 넘어선
## 소비력

　　　　　　2014년 국경절 연휴, 만리장성에는 장성만큼이나 긴 인파가 꼬리에 꼬리를 물고 이어졌다. 이런 날 중국은 어딜 가더라도 사람에게 밀려다닐 각오를 단단히 해야 한다. 심지어 길에 가득 찬 사람들에 갇혀 한 발짝도 움직이지 못하는 수도 있다. 기차역이나 버스 터미널에서는 고향으로 내려가기 위해 표를 구하는 사람들로 전쟁터 같은 상황이 만들어지기도 한다. 말 그대로 인산인해다. 이러다 보니 중국인들 스스로 탄식하는 말이 있다.

"런타이둬人太多(사람이 많아도 너무 많다)."

확실히 중국인은 세계 최고의 인구수를 자랑한다. 그리고 그 인구수만큼 소비력도 타의 추종을 불허한다. 2014년 국경절 연휴 동안 중국인이 먹고 마시는 데 쓴 돈만 무려 175조 원이다. 우리나라 한 해 예산의 절반을 넘는 수치다.

**데이비드 달러**
브루킹스 연구소 선임연구원

중국은 그 크기로 인해 결과적으로 세계에서 가장 큰 경제 주체가 되었습니다. 중국의 인구는 미국보다 네 배 이상 많습니다. 1인당 GDP가 미국의 4분의 1만 되면 미국과 경제 규모가 같아집니다. 중국은 곧 세계에서 가장 큰 경제 규모를 이룰 겁니다. 중국이 10년 안에 가장 큰 경제 주체가 될 것은 분명합니다.

중국의 거대한 소비력은 2014년 11월 11일에 또 한 번 세계를 놀라게 했다. 이날 새벽 12시, 전자상거래 업체인 알리바바는 싱글데이를 겨냥한 할인 이벤트를 시작했다. 그 결과 단 38분 만에 1조 7,500억 원의 매출을 올렸고 하루 전체 매출은 무려 10조 원을 넘어서는 성과를 냈다. 이는 미국의 블랙 프라이데이와 사이버 먼데이 매출을 합친 것보다 많은 매출이다. 중국의 소비력이 미국을 넘어선 것이다. 실제로 중국은 2013년 실질 구매력 기준 GDP 규모에서도 세계 1위를 차지했다.

어떻게 이런 일이 가능하게 되었을까? 소비력은 단지 어마어마한 인구수로만 해석할 수 없다. 인구수로 따진다면 인도도 만만치 않기

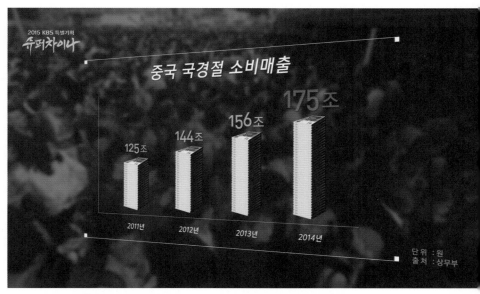

**국경절 연휴 동안 중국인이 쓰는 돈은 우리나라 한 해 예산의 절반이 넘는다.**

때문이다. 13억의 인구가 13억의 소비자가 되기 위해서는 두둑하게 채워진 지갑이 필요하다. 빈 지갑에서 소비력이 나올 수는 없다.

　마오쩌둥이 1949년 10월 1일 중화인민공화국을 선포했을 때만 해도 중국은 가난한 나라였다. 특히 1958년에 선포했던 대약진 운동이 실패로 끝나면서 수천만 명의 국민들이 굶어 죽을 정도로 식량 부족 문제가 심각했다. 뒤이어 정권을 잡은 덩샤오핑이 '시장경제' 정책을 펼칠 때도 중국이 지금과 같은 경제성장을 이룰 것으로 예측한 사람은 그리 많지 않았다. 우리는 이미 공산주의 대국이었던 소련의 붕괴를 지켜보았으며, 중국 역시 소련과 다르지 않은 길을 걸으리라 미루어 짐작하기도 했다.

　자본주의 시장경제에서 경쟁력을 가지기 위해서는 무엇보다 시장의 메커니즘을 잘 이해해야 하며, 자유경쟁에서 버틸 수 있도록 어느 정도 맷집이 있어야 한다. 또한 사회주의 체제를 그대로 유지한 채 자본주의 시장경제를 도입한 중국의 방식에서 제대로 된 성장이 가능할지 의구심도 있었다. 하지만 이 모든 우려를 비웃기라도 하듯 중국은 1980년대에 들어 경제를 수출 중심으로 변화시키며 빠르게 성장해왔다. 더불어 지난 10년간 중국인의 임금 수준 역시 가파른 상승세를 보였다. 중국 정부는 2010년에 이미 2015년까지 평균 임금 수준을 두 배로 올리겠다는 목표도 세웠다.

　중국 노동자의 임금 향상은 노동자의 생활 방식에도 변화를 주었다. 이전에는 노동력을 값싸게 제공하고 기본적인 생활을 근근이 꾸려나갔다면, 이제는 소비자로서 자신의 삶의 질을 높이는 데 관심을 두고 기꺼이 지갑을 연다. 이들로 인해 중국은 더 이상 생산 대국이 아니라 13억의 소비자가 존재하는, 세계에서 가장 큰 내수시장을 가진 나라로 탈바꿈했다.

**후안강**
중국 칭화대학교 공공관리학원 교수

65년 전에 신중국은 전 세계에서 가장 큰 절대 빈곤 국가였는데, 지금은 세계에서 가장 큰 소강小康(중진국) 사회입니다. 중국은 현재 1인당 GDP가 세계의 중상위 수준입니다.

## 세계의 공장을 넘어
## 세계의 시장으로 변신

국제적 상업도시인 상하이는 중국 경제 발전의 중심지답게 쇼핑의 천국이다. 특히 쇼핑의 중심지인 난징둥루는 대형 백화점이 즐비하게 늘어서 있다. 이곳은 패션, 인테리어, 뷰티 등 다양한 쇼핑 문화의 발달로 중저가 브랜드는 물론이고 고가의 명품을 찾는 사람들로 늘 인산인해를 이룬다.

　상하이의 고급 주택에서 사는 리쥐샤 씨도 이들 중 한 명이다. 리쥐샤 씨는 부동산 투자회사를 운영하며 중국 경제의 성장과 함께 돈을 벌어왔다. 그녀는 함께 살고 있는 아들 가족과 해마다 몇 차례씩 해외여행을 즐기고 고급문화를 향유한다. 하지만 이러한 삶이 이들에게만 주어진 특별한 혜택은 아니다.

　"지난 30년 동안 중국 경제는 천지개벽 수준으로 발전을 이루었어요. 저도 지금 제 회사를 운영하고 있고, 벤츠나 BMW 같은 제 소유의 외제 차도 여러 대 가지고 있죠. 별장도 있고요. 중국에는 저 같은 사람이 굉장히 많아요."

　중국은 지난 2010년에 이미 미국에 이어 세계 경제 규모 2위에 올라선 경제 대국이 되었다. 그런데도 중국의 1인당 평균 소득은 한국의 4분의 1에 불과하다. 하지만 연 소득 3만 달러 이상의 중산층 인구는 3억 명을 돌파했다. 이는 한국 인구의 여섯 배에 해당하는 수치다. 또한 10억 원 이상의 현금을 가진 자산가도 240만 명이나 된다. 2020년에는 중산층의 규모가 7억 명에 달할 것이라는 예측도 있다.

　중산층의 출현은 소비 추세에도 영향을 미쳐 새로운 소비시장을 형성하기 시작했다. 최근 중국인은 생활환경, 안전과 관련된 삶의 질 향상에 관심을 가지고 있으며 이를 위해서라면 지출을 아끼지 않는다. 환경 호르몬으로부터 안전한 식기를 선호한다거나 유기농 식품

2015 KBS 특별기획
슈퍼차이나

10억 이상
현금자산가 | 240만명

출처 : BCG 2013보고서

**중국에는 10억 원 이상을 보유한 현금 자산가의 수만 240만 명에 달한다.**

에 깊은 관심을 보인다. 패션, 화장품 등 뷰티 관련 제품에 대한 욕구
는 물론이며 각종 전자제품에 대한 관심도 높아졌다. 일상생활에 꼭
필요한 물건이 아니어도 심리적 만족감을 위해 기꺼이 지갑을 연다.
이는 예술품 구매나 여행 등 문화 소비의 상승으로 이어지기도 한다.

중국은 이제 더 이상 세계의 공장이 아니다. 중국은 소비 대국으로
서 천문학적인 시장을 가지고 있는 나라다. 자동차 판매로도 이미 세
계 1위를 기록하고 있으며, 사치품 시장 역시 세계 2위를 차지한다.
이에 따라 세계의 많은 기업이 중국 시장에 진출해 중국 소비자의
마음을 사로잡는 데 총력을 기울인다.

특히 명품 브랜드가 많은 유럽 각국은 중국인 관광객 유치를 위

명품 시장에서도 중국 소비자의 마음을 잡기 위한 경쟁이 치열하다.

해 앞다퉈 공을 들인다. 영국에서는 대표적인 관광명소인 빅벤에 '큰 종'을 의미하는 '다벤종'이라는 중국식 이름을 도입했고, 프랑스는 100년간 금기시되던 상점의 일요일 영업을 확대하기 시작했다. 씀씀이가 큰 중국 관광객을 유치하면 곧 어마어마한 매출로 이어지기 때문이다. 실제로 프랑스 사치품 소비의 40%는 중국인들이 차지했다는 통계가 나와 있다.

중국 시장은 매력적이다. 현재 세계 어디에서도 이처럼 큰 소비시장을 찾을 수 없다. 이 때문에 크고 작은 기업은 물론이고 정부 차원에서도 중국 소비자를 매료시키기 위해 열정적인 프러포즈를 할 수밖에 없다.

# 13억의 **노동력**이 만들어낸 경이로운 **경제성장**

---

인구는
자원이다

영국의 인구학자 토머스 맬서스는 "인구 증가는 언제나 식량 공급을 앞지르는 경향이 있으며, 엄격하게 산아 제한을 하지 않으면 인류의 운명은 나아질 가능성이 없다"는 주장을 펼쳤다. 이 주장대로라면 중국은 '런타이뒤'로 인해 발전 가능성이 없는 것처럼 보이기도 한다.

하지만 중화인민공화국 초대 주석인 마오쩌둥은 맬서스가 인구를 소비의 관점으로만 파악했다고 보았다. 인구는 인구ㅅㅁ일 뿐 아니라 인수ㅅ丰이기도 하다. 먹는 입이 많은 만큼 일하는 손도 많다. 그러니까 중국은 13억의 입과 함께 13억의 노동력을 보유한 셈이다.

현재 지구에 약 70억의 인구가 살고 있으니 중국은 세계인의 5분의 1을 노동력으로 확보하고 있다 해도 무리는 아니다. 하지만 마오쩌둥이 1949년 중화인민공화국을 건국했을 당시만 해도 중국의 인구는 이처럼 많지 않았다. 당시 중국의 인구는 약 5억 명에 불과했으며 경제적으로는 후진국의 위치에 있었다.

이때 마오쩌둥이 내건 슬로건은 '런둬리량다人多力量大(사람이 많을수록 힘이 커진다)'였다. 그는 아이를 5명 이상 낳은 어머니는 '영광 엄마', 10명 이상 낳으면 '영웅'이라는 호칭까지 부여하며 출산장려 운동을 펼쳤다. 이때부터 중국 인구는 기하급수적으로 늘어나기 시작했다. 1976년 마오쩌둥이 사망할 즈음 중국 인구는 9억 4,000만 명

마오쩌둥은 인구가 많아지면 국가의 역량이 커질 것으로 보고 출산장려 운동을 펼쳤다.

에 달했으며 1982년에는 10억 명을 돌파했다. 약 30년 동안 중국의 인구가 두 배 가까이 급증한 셈이다. 이렇게 급증한 인구는 마오쩌둥이 바란 것처럼 '일하는 손'이 되어주었다. 경제 개방 초기에 '메이드 인 차이나' 물품이 전 지구촌을 휩쓸 수 있었던 것은 거대한 저임금의 산업 생산력이 있었기에 가능했다. 이는 곧 고성장을 이끌어주는 견인차 역할을 하며 오늘날의 중국이 있게 했다.

**데이비드 캐닝**
미국 하버드대학교 인구과학 교수

1960년대에 태어난 베이비붐 세대가 거대한 집단을 이루어 현재의 노동력이 되었습니다. 지난 30~40년간 이어진 이 세대의 영향으로 거대한 노동 인구가 형성되면서 중국은 현재 경제적 성공의 정점을 찍고 있습니다.

## '메이드 인 차이나'의
## 신화

마오쩌둥이 보았던 것처럼 중국에는 일을 하고자 하는 엄청난 인구가 있다. 그리고 이 인구가 제공하는 저렴한 노동력으로 만들어낸 제조업 생산품과 생활용품이 세계 시장을 휩쓸었다. 하지만 이는 단지 인구가 많기 때문에 가능한 것은 아니다.

많은 인구는 오히려 그 사회의 경제가 성장하는 데 발목을 잡는 요인이 되기 십상이다. 일자리 창출이 어려워 실업률이 높은 사회일수록 소득 불균형에 따른 정부 불신 등의 사회불안 요소가 증가하기 때문이다. 문제는 수많은 노동력이 일을 할 수 있게 고용 창출을 하는 것이다.

중국은 이 같은 문제를 '수출 중심의 경제'로 전환하는 것으로 해결했다. 세계 시장은 기본적으로 중국 시장보다 크며 당연히 더 많은 일자리를 창출해낼 수 있다. 즉 중국은 세계를 상대로 물건을 만들면서 거대한 노동력을 흡수할 수 있게 되었다. 이는 곧 소비의 증대로도 이어졌다. 노동자가 곧 소비자이기 때문이다. 노동 소득의 증가는 필연적으로 소비 증가를 가져다주었다. 소비의 증가는 내수시장을 활성화하며 중국 경제를 성장하게 하는 동력으로 작용했다. 특히 13억 인구를 가진 중국은 고용 창출로 인한 소비자의 등장으로 어마어마한 규모의 내수시장이 만들어졌다. 이로 인해 중국 기업은 내수시장만으로도 가파른 성장세를 보였다.

미국 하버드대학교 인구과학 교수

중국에는 일을 하고자 하는 엄청난 인구가 있지만, 그렇다고 자동으로 경제가 성장하는 것은 아닙니다. 일자리가 없거나 고용률이 낮을 수도 있으니까요. 이 공급(노동력)을 생산으로 이끌기 위해서는 수요(고용)가 반드시 필요합니다.

한국처럼 내수시장이 약한 나라는 수출에 의존할 수밖에 없다. 좁은 내수시장만으로는 수익을 내는 데 한계가 있으며, 멈춰버린 시계처럼 제자리걸음을 하는 경제성장률을 상승세로 돌리기 힘들기 때문이다. 반면 중국은 굳이 외국 시장으로 눈을 돌리지 않고도 얼마든지 성장할 수 있다. 내수시장 자체가 이미 세계 시장의 5분의 1을 차지하고 있어서다. 이는 중국 기업이 성장할 수 있는 발판이 되어주었다. 그뿐만 아니라 13억 인구를 대상으로 수많은 실험과 도전을 할 수 있게 기회의 장을 제공했으며, 그것을 바탕으로 세계로 뻗어 나갈 수 있는 힘을 실어주었다.

## 거대한 수출 시장이 된
## '이우'

러시아 극동지방에 있는 우수리스크는 우리나라 최초의 임시정부가 세워졌던 지역이다. 상하이 임시정부로 옮겨가기까지 임시정부가 있었던 우수리스크는 항일독립운동의 시발지이기도 하다. 안중근 의사가 하얼빈으로 떠나기 전에 마지막으로 머물렀던 집, 강제 이주의 아픈 역사를 고스란히 담은 고려인 역사박물관도 우수리스크에 있다. 이처럼 우수리스크는 우리의 역사와 맞닿아 있다.

우리말로 습지라는 뜻을 가진 우수리스크는 인구 16만 명의 작은 도시다. 아직 시장이 개방되지 않은 데다 경제 발전도 더뎌서 시간 속에 정지되어 있는 분위기마저 든다. 그런데 최근 이곳에 중국 바람이 거세게 불고 있다. 중국 국경과 인접해 있어서 중국 상인이 대거 들어오기 시작한 것이다. 그들과 함께 중국 상품도 건너왔다. 무더기로 건너온 중국인과 중국 상품으로 우수리스크의 시장은 마치 중국 시장을 고스란히 옮겨놓은 것 같기도 하다. 실제로 우수리스크의 대표적인 재래시장은 이름부터 아예 '중국시장'이다. 우수리스크의 중국시장에는 수백 개의 점포가 들어서 있는데 대부분 중국 상인이 운영한다. 이들이 파는 물품은 매우 다양해 없는 것이 없을 정도다. 우수리스크의 주민들은 필요한 모든 것을 중국시장에서 싼 가격에 구입한다.

우수리스크로 들어오는 상품 대부분은 중국의 이우 시장에서 가져온 것이다. 이우 시장은 저장 성 중부의 이우 시에 있다. 1982년에 개설된 이후로 8차에 걸친 확장을 통해 260만 평에 이르는 거대한 시장이 되었다. 시장에 들어선 점포만 4만 6,000개이며 취급하는 상품의 종류는 30만여 가지에 달한다. 소상품 시장으로는 최고의 규모를 자랑하는 이곳에는 격언처럼 떠도는 말이 있다.

"이우에 없으면 세계에도 없다."

소상품을 파는 중국 상인들은 대체로 이우 시장에서 물건을 구입한다. 중국에서 수출하는 소상품의 70%가 이우 시장을 통해 세계로 나가며, 한국으로 수입되는 중국 소상품의 80~90%가 바로 이곳에서 거래된다. 그러다 보니 이우 시장은 지난 30년간 '메이드 인 차이나의 메카'로 통했다. 이뿐만 아니라 중국 상품의 수출기지 역할까지 톡톡히 하고 있다.

이우 시장을 국제적인 규모로 이끈 것은 이우 시에서 매년 개최하는 이우 박람회의 역할이 컸다. 20년 전 이우 박람회를 개최할 때만 해도 박람회를 찾는 사람은 대체로 중국 상인이었다. 외국 상인이 가끔 관심을 보이기는 했지만 그다지 활발하지 못했다. 하지만 지금은 참가하는 외국 기업만 약 3,000개이며 외국 무역상 2만여 명이 이우 박람회를 통해 상품을 사고판다. 이우 시장을 다녀가는 해외 바이어

해마다 열리는 이우 박람회는 정부가 적극적으로 나선 덕에 국제적인 규모로 확대되었고
이우 시장을 중국 상품의 수출기지 역할을 하게 만들었다.

는 연간 32만 명이다. 이우 박람회의 규모, 산업 분류, 구조와 질적인 부분이 국제적인 수준으로 높아졌기 때문에 가능한 일이다.

이우 시에서는 해외 바이어를 끌어들이기 위해 외식, 호텔, 운송, 엔터테인먼트, 광고 등 다양한 분야에서 서비스의 질을 높이는 데 중점을 두고 있다. 중국 외무성에서는 해외 투자자에게 '그린 채널' 초청장을 보내서 해외 투자자들이 이 초청장을 통해 중국 대사관이나 총영사관에 바로 비자를 신청할 수 있도록 하였다. 이우 박람회가 국제적인 규모의 박람회가 되도록 관과 정부에서 팔을 걷어붙이고 나선 것이다. 덕분에 이우는 도시 전체가 하나의 거대한 수출 시장이라는 말이 나올 정도로 발전했다. 실제로 이우 시에 사는 사람 3명 중한 명이 상인이며, 돈거래가 활발한 만큼 부자도 많다.

이우는 중국에서 그다지 큰 도시가 아니다. 중국의 도시는 크게 직할시, 지급시, 현급시로 분류되는데 이우 시는 지급시보다도 작은 도시인 현급시에 해당한다. 하지만 이우는 중국에서 가장 유명한 도시중 하나이며, 세계 상인들이 가장 많이 찾는 도시가 되었다. 그리고이 유명한 도시에서 만들어진 물건들은 상인을 통해 세계 구석구석으로 팔려나간다.

# 세상을 삼키는
# 13억의 입

**중국 식습관의 변화가**
**세계 곡물 가격을 올린다**

　　　　　　　　　　지난 10년간 중국의 경작지 면적
은 연평균 75헥타르씩 감소해왔다. 중국 인구는 전 세계의 20%지만
경작지는 전 세계의 7%에 불과하다. 1인당 경작지 면적은 0.1헥타르
로 세계 평균인 0.22헥타르의 절반에도 못 미치는 수준이다. 그런데
그나마 있는 경작지도 5분 1가량이 중금속에 오염되어 있다. 급속한
공업화와 도시화로 토양 오염이 심각해졌다.

　이러한 이유로 중국의 곡물 수입은 매년 높아지는 추세다. 중국해
관총서의 자료에 따르면 2007년 59만 톤에 불과하던 곡물 수입량이
2012년에는 1,398만 톤으로 늘어났을 정도다. 특히 쌀 수입량은 매

**부족한 곡물 생산량을 해결하기 위해 중국은 해외 농지를 사들이고 있다.**

년 가파른 상승세를 보이고 있다. 중국의 연간 쌀 소비량은 약 1억 9,721만 톤으로 중국은 전 세계에서 쌀을 가장 많이 소비하는 나라다. 하지만 전체 인구가 소비할 만한 쌀을 생산하지 못하고 있어서 베트남, 파키스탄, 인도 등지에서 다량의 쌀을 수입한다.

이제 중국은 세계 곡물의 블랙홀이 되었다. 13억 중국인을 먹이기 위해 세계 곡물 시장이 움직이고 있다 해도 과언이 아니다. 중국이 곡물 수입에 열을 올리는 만큼 국제 곡물 가격도 덩달아 뛰고 있다. 그런데 이는 중국에 부메랑이 되어 돌아가기도 한다. 수요에 비해 부족한 공급은 필연적으로 곡물 가격의 상승으로 이어지기 때문이다.

**레스터 브라운**
지구정책연구소장

세계 곡물 수요가 폭증한 것은 중국의 수십억 인구가 더 많은 육류를 섭취하는 쪽으로 식습관이 변했기 때문입니다. 이로 인해 전 세계적으로 사료로 사용되는 곡물 수요가 폭등하게 되고, 이는 곧 식품 가격의 상승으로 이어집니다.

육류 또한 사정이 다르지 않다. 게다가 육류의 수요를 충족시키기 위한 밀집 사육은 식탁 위에 올라가는 음식의 질을 떨어뜨린다. 돼지, 소, 양, 닭 등의 동물이 오염과 질병에 노출되기 때문이다.

이 같은 현실에 대해 중국 언론은 "먹거리 수입 급증으로 식량 안보에 거대한 도전이 제기되고 있다"며 불안감을 보인다. 중국 정부역시 '식량 안보 확보'를 최우선 국정 과제 중 하나로 여기고 있다. 이에 대한 해결책으로 해외 농지와 식량 생산 기업을 열심히 사들이고 있다. 이를테면 세계 최대 돼지고기 생산 업체인 미국의 대형 육류회사 스미스필드를 구입하는 식이다. 2012년에는 300만 헥타르에 달하는 우크라이나의 농지를 구입하기도 했는데 이는 홍콩 면적의약 30배에 이르는 어마어마한 크기다. 또한 아프리카와 남미에도 꽤많은 농지를 획득한 상태다.

사실 식량 문제를 해결하기 위해 부유한 국가가 가난한 국가의 땅을 사들여 식량을 획득하는 것은 기존에도 자주 행하던 방식의 하나이며 중국만의 일은 아니다. 하지만 외국의 농지를 사들이는 중국의 기세가 무서운 속도를 내고 있기에 바로 이웃한 우리나라, 더 나아가 세계에 미칠 영향에 주목할 수밖에 없다.

―――

## 아르헨티나 농장에서
## 소 대신 콩을 키우는 이유

　　　　　　　　　　　　　　　　미국의 기상학자 에드워드 로렌즈는 브라질에 있는 나비의 날갯짓이 미국 텍사스에 토네이도를 발생시킬 수 있다는 이론을 세웠다. 바로 '나비효과'다.

　남미 대륙에 있는 아르헨티나의 팜파스 대초원은 수년 전부터 멀리 동아시아 대륙의 중국에서 시작된 변화를 적나라하게 경험하고 있다. 팜파스 대초원은 아르헨티나 국토 면적의 20%를 차지할 만큼 거대한 초원이다. 끝없이 펼쳐진 초원은 비옥한 데다 기후도 온난해 예부터 목축업이 발달해왔다. 아르헨티나의 목동인 '가우초'들이 소 떼를 초원에 풀어놓기만 하면 방목한 소가 넓은 초원을 마음껏 돌아다니며 알아서 풀을 뜯어 먹는다. 좁은 공간에서 스트레스를 받지 않는 데다 인공사료 대신 비옥한 토양에서 자란 풀을 뜯어 먹으니 육질이 좋을 수밖에 없다. 아르헨티나 여행 안내서에도 "아르헨티나 쇠고기가 세계 최고"라는 말이 나올 정도다.

하지만 최근 20~30년간 아르헨티나 목초지는 급격히 콩 재배지로 변했다. 현재 팜파스 대초원은 전체 경작지의 64%에서 콩을 재배한다. 어느 곳이든 눈만 돌리면 흔하게 볼 수 있던 소 떼는 사라졌으며 수많은 가우초가 일자리를 잃었다. 비옥했던 토지는 제초제, 화학물질 등으로 오염되어 몸살을 앓고 있다. 그런데도 콩밭은 계속 늘어나는 추세이며 한 해 5,400만 톤의 콩을 생산한다. 이곳에서 자란 콩의 대부분은 다른 나라로 수출한다. 한때 세계 최대 쇠고기 수출국이었던 아르헨티나는 이제 세계 3위의 콩 수출국이 되어버렸다. 왜 이 같은 변화가 일어났을까?

콩 재배는 목축업보다 훨씬 적은 비용으로 운영할 수 있다. 또한 농기구의 발달로 인건비를 줄일 수 있게 되었고 파종과 수확이 쉬워졌다. 전 세계적으로 치솟는 곡물 가격도 한몫했다. 콩의 경우, 2011년에는 1년 만에 35% 가격 상승이라는 기록까지 세웠다. 한마디로 소보다는 콩이 더 돈이 되는 것이다.

5 KBS 특별기획
저차이나

르헨티나 대초원

Super China

2015 KBS 특별기획
슈퍼차이나

아르헨티나
콩 생산량 5400만톤 세계 3위

출처 : USI

소 떼를 방목하던 아르헨티나 대초원은 중국으로 수출할 콩의 재배지로 바뀌었고
아르헨티나는 세계 3위의 콩 수출국이 되었다.

**페르난도 빌레나**
아르헨티나 부에노스아이레스대학교 농경제학과 교수

콩 재배는 새로운 시장, 특히 중국의 수요와 연관이 있습니다. 중국은 6,500만 톤의 콩을 수입하며 콩 시장에서 중요한 입지를 보여주고 있습니다. 콩 가격도 역사상 유례없는 기록을 내고 있죠.

아르헨티나에서 재배한 콩 대부분은 곡물의 최대 소비국인 중국으로 수출한다. 중국은 매년 세계 콩 수출량의 60%에 해당하는 6,500만 톤의 콩을 수입하며 세계 1위의 콩 수입국으로 부상했다. 중국의 콩 수요량은 해마다 증가하는 반면 생산량은 지속해서 감소하고 있기 때문이다. 현재 중국의 콩 자급률은 20% 미만에 불과하다.

그런데 중국은 왜 이렇게 많은 콩을 수입하고 있을까? '콩이 들어가는 요리가 이렇게 많았나?' 하고 문득 중화요리를 떠올리는 사람도 있을 것이다. 중국이 콩 수입에 열을 올리는 이유는 사람의 입에 넣기 위해서가 아니다. 수입한 콩의 대부분은 돼지고기 사료로 쓰인다. 전통적으로 중국인은 돼지고기 요리를 즐겨왔다. 중국의 돼지고기 요리는 그 종류만 1,500가지가 넘는다. 게다가 경제성장과 소비증대는 돼지고기 소비를 더 늘게 했다. 현재 중국인의 돼지고기 소비량은 연평균 39kg이다. 1인당 소비량에 13억 5,000만 명을 곱하면

어마어마한 숫자의 돼지고기를 먹어치우는 셈이다. 2012년에 중국 사람들은 5,300만 톤의 돼지고기를 먹었는데 이는 미국의 여섯 배에 달하는 수치다. 이 같은 수요를 감당하기 위해 중국은 세계 돼지의 절반인 4억 7,000만 마리 이상을 사육하고 있다.

그런데 돼지 사육이 그리 만만하지는 않다. 돼지는 '곡물 먹는 하마'로 불릴 정도로 많은 곡물을 먹어치우는 동물이다. 돼지의 체중 1kg을 불리려면 3kg의 곡물이 필요하다. 돼지고기를 먹기 위해서는 먼저 돼지의 배를 채워야 하는데, 이에 필요한 곡물을 중국에서 생산한 콩으로는 감당할 수 없는 것이다. 결국 아르헨티나의 팜파스 초원

출처 : USDA (미국 농업 연구청)

**중국에서 식용으로 소비하는 돼지고기의 양은 미국의 여섯 배에 달한다.**

을 콩밭으로 변하게 한 나비의 날갯짓은 13억 인구의 입이다.

## 사라지는
## 윈난 성 차밭

중국 문화를 이해하려면 빼놓을
수 없는 것이 있다. 바로 '차 문화'다. 중국인은 수시로 차를 마시는
습관이 있다. 중국 음식이 비교적 기름기가 많음에도 중국인이 건강
을 유지할 수 있는 것은 바로 차 때문이라는 말이 나올 정도다.

중국인이 차를 마시기 시작한 것은 기원전 2700년경으로, 전설상
의 임금 신농이 독을 해독하기 위해 찻잎을 먹으면서부터라고 한다.
그로부터 약 5,000년이 지나는 동안 중국인의 일상생활에서 차는 빠
질 수 없는 음료이자 문화로 자리 잡았다. 당나라의 육우는 차에 관
한 백과사전인 《다경》이라는 책을 지었고, 각 나라에 불교를 전파하
며 함께 차를 전파하기도 했다. 역사가 깊은 만큼 차의 종류가 굉장
히 많으며 품종 개량, 기술 혁신 등으로 계속해서 다양한 종류의 차
를 만들어내고 있다.

특히 윈난 성은 중국 차의 고향으로 알려졌다. 예로부터 다양한 차
를 생산해왔으며 이곳에서 생산된 차는 맛이 좋기로 유명하다. 그래
서 차마고도를 따라 교역하던 마방이라는 상인들을 통해 멀리 인도

까지 가 팔리기도 했다. 특히 이곳에서 재배되는 보이차는 중국인들이 가장 사랑하는 음료 중 하나로 꼽힌다.

그런데 이처럼 오랜 역사를 가진 중국의 차 문화에 변화가 일고 있다. 경제성장이 중국인의 주거, 의복, 문화 등을 바꾼 것처럼 입맛도 바꾸어버린 것이다. 집에서 자신의 기호에 맞는 차를 우려내 병에 담아 다니던 중국인들이 차 대신 커피를 찾기 시작했다.

중국의 커피 시장은 매년 15%의 성장세를 보이고 있다. 이는 전 세계 평균인 2%의 일곱 배가 넘는 수치다. 이와 더불어 카페도 빠르게 늘어나고 있다. 이미 1만 3,600여 개의 카페가 있으며 커피 소비량이 12만 톤에 이른다는 발표도 나왔다.

중국 사회의 이 같은 변화는 윈난 성 차밭에도 큰 변화를 가져왔다. 현재 윈난 성에는 8만여 명의 농부가 차 재배를 포기하고 커피를 재배하고 있다. 커피가 차보다 수익성이 높기 때문이다. 커피를 재배하는 농부는 같은 면적에서 차를 재배하는 농부보다 두 배 가까운 이익을 얻는다. 당연히 농부들의 입장에서는 차보다 커피를 선택할 수밖에 없다.

지금 윈난 성은 '중국 차의 고향'이라는 지위가 무색하게 중국 커피의 주요 생산지로 변했다. 여기에는 커피 생산에 적극적으로 나선 윈난 성 정부의 역할도 한몫했다. 윈난 성 정부는 향후 10년간 약 5,250억 원을 투자해 커피 재배 면적을 네 배로 늘리고 생산량도 다섯 배 이상 늘린다는 계획이 있다. 세계 최대 커피 체인점인 스타벅스는 이곳에 생산기지를 세우고 전 세계의 자사 커피 체인점에서 윈난 산 커피를 팔겠다고 발표했고, 네슬레는 현재 2,000곳 이상의 윈난 성 공급 업체를 통해 커피 원두를 공급받는다.

이곳에서 생산하는 아라비카 커피는 맛과 향이 뛰어난 것으로 정평이 나 있으며 미국, 독일, 프랑스, 이탈리아뿐 아니라 한국에도 수출한다. 윈난 성으로서는 돈이 되는 커피 시장이 차 시장보다 더 매력적일 수밖에 없다. 이제 윈난 성에는 차밭뿐 아니라 쌀이나 옥수수 등 전통 작물을 재배하는 농가도 찾기 어렵다. 대신 이곳의 농민들은 이전보다 훨씬 더 부유한 삶을 즐긴다.

# 중국인 관광객이
# 국내 상권을 바꾼다

### 삼다도인 제주도에 많은 것은
### 돌, 바람, 중국인?

중국에서 출발한 초대형 크루즈 선박이 제주항으로 들어선다. 배가 정박하면 중국 관광객이 물밀 듯 내리기 시작한다. 배가 한 번 들어올 때마다 보통 3,000명 정도지만 많을 때는 5,000명이 제주 땅을 밟는다. 그들은 뒤이어 수십 대의 전세버스에 나누어 탄다. 버스는 제주의 아름다운 관광명소로 가지 않고 제주 시내 면세점으로 향한다. 제주를 찾는 중국 관광객의 관심사가 바로 쇼핑에 있기 때문이다.

제주 시내 면세점은 중국 관광객으로 북적인다. 그들은 지갑을 여는 데 거리낌이 없다. 자기 것은 물론이고 지인들의 부탁으로 한국

초대형 크루즈가 제주항에 도착하면 3,000~5,000명의 중국 관광객이 내린다.

브랜드 제품을 구입하고는 한 번에 몇백만 원씩 지불하기도 한다. 다른 나라의 관광객과 비교되지 않을 정도로 씀씀이가 크다. 덕분에 한국의 국내 관광 수입은 역대 최고치를 기록했다.

제주도관광협회에 따르면 2014년 한 해 동안 제주도를 찾은 관광객은 약 1,227만 명이다. 하루에 3만 3,600여 명이 제주도를 찾은 셈이다. 이 중 내국인은 894만 명이며 외국인은 332만 명이다. 그런데 332만 명의 외국인 중 중국인만 286만 명이다. 중국인이 외국인 여행자 가운데 거의 절대다수를 차지하고 있다. 그야말로 중국 관광객이 제주도로 몰려든다고 해도 과언이 아니다.

이 때문에 중국인을 겨냥한 숙박시설이 우후죽순 생기고 있고, 한국인이 운영하는 상점조차 간판을 중국어로 바꿔 단다. 숙박시설이든 상점이든 중국어를 사용할 줄 아는 직원을 따로 뽑는 것은 이제 보편적인 일이 되어버렸다. 제주도의 관광 사업은 중국 관광객을 겨냥한 지도로 재편성되고 있다. 이쯤 되다 보니 우스갯소리도 나온다. 삼다도라 불리는 제주도에 많은 것은 돌, 바람, 여자가 아니라 돌, 바람, 중국인이라는 것이다. 실제로 제주도의 주요 관광지 곳곳에서는 중국말을 어렵지 않게 들을 수 있다. 어딜 가나 중국인으로 북적이기에 한국 땅인지 중국 땅인지 헷갈릴 지경이다.

또한 중국인과 함께 들어온 중국 자본으로 인해 제주도의 부동산이 요동치고 있다. 그럼에도 주요 수입원이 관광업인 제주도는 중국인 관광객 모시기에 여념이 없다. 중국 관광객의 방문은 제주 관광산업을 한 단계 발전시킬 수 있는 기회임이 분명하다. 하지만 중국 관광객이 찾는 리조트, 음식점, 상점 등도 중국 업체인 경우가 많다. 따라서 중국 관광객의 증가가 제주도 주민의 이익으로 이어지지 않고 있으며, 중국 관광객이 소비하는 돈이 제주도민이 아닌 중국인에게 가고 있다. 제주도로서는 큰 숙제를 떠안은 셈이다. 중국인 관광객의 방문이 제주도와 주민들의 이익으로 연결될 수 있는 정책을 만들어나가야 하기 때문이다.

바오젠 거리 제주시 연동

중국 관광객이 늘어나면서 제주시에는 바오젠 거리라는 중국 이름의 거리가 생기고
한자 간판을 단 상점이 늘고 있다.

---

중국인의 발길이
다른 곳으로 향하는 날 받을 타격

                 2014년 한 해 동안 한국을 찾은 중
국인 관광객은 612만 명에 이른다. 이들은 쇼핑, 음식, 자연풍광 등

다양한 이유로 한국 여행을 선택했다. 그런데 관광청의 조사에 따르면 이들 중 많은 사람이 한국이 첫 해외여행국이라고 한다. 비교적 가까운 거리, 편리한 교통이 한국을 선택한 주요한 요인이었을 것이다. 한국을 찾는 중국인 관광객은 다른 국적의 관광객에 비해 그 수도 압도적이지만, 구매력에 있어서도 타의 추종을 불허한다. 그들은 돈을 쓰는 데 아낌이 없다. 그들이 2014년 한 해 동안 한국에서 쓴 돈만 14조 2,000억 원 가까이 된다. 그야말로 한국 관광계의 큰손이다.

명동은 서울의 대표적인 상권으로 한때 젊음과 유행의 거리였다. 그런데 지금 명동 거리는 중국인으로 넘쳐난다. 대부분 가게에는 중국어를 할 줄 아는 점원이 배치되어 있으며, 가게 앞 광고판에는 중국어가 쓰여 있다. 거리를 걷든 가게 안으로 들어서든 중국어가 들리고 중국어로 표기된 글자가 보인다. 마치 명동 전체가 중국의 축소판이 되어버린 느낌마저 든다. 중국인이 명동을 찾는 이유는 쇼핑 때문이다. 한국의 화장품이나 의류를 구입하기 위해 통 큰 소비를 아끼지 않는다. 한 번의 쇼핑에 100만 원 이상을 지출하는 모습도 쉽게 볼 수 있다.

이 같은 추세는 강남의 청담동이나 가로수길까지 확대되었다. 중산층의 증가와 함께 고급 소비를 지향하는 중국인 관광객이 해외 명품 브랜드가 많은 강남까지 진출한 것이다. 특히 강남에는 SM 엔터테인먼트, JYP 엔터테인먼트 등 대형 기획사가 있어 한류 체험을 동시에 즐길 수 있는 장점이 있다. 그뿐만 아니라 성형외과들이 밀집되어 있어 성형 관광을 원하는 중국인 관광객의 선호 지역이기도 하다.

2014년 중국의 국경절 연휴 기간에는 16만 명에 달하는 중국인 관광객이 한국을 방문했다. 이제 그들은 한국 관광산업에서 가장 중요한 고객이 되었다. 이 때문에 한국 관광 지도는 중국인 관광객을 중심으로 배치되었으며 관광 투자 역시 그들을 유치하는 데 집중되어 있다. 이는 자연스러운 일이지만 다른 한편으로 독이 되어 돌아올 수도 있다. 중국인 관광객이 빠져나갈 경우 관광업계를 비롯해 연관 업계가 큰 타격을 받을 것은 불 보듯 뻔하다.

한류나 지리적 이점 등의 요인으로 중국인 관광객이 계속해서 한국을 찾을 것으로 낙관하는 것은 위험하다. 실제로 한국을 찾는 중국인 관광객의 만족도는 100점 만점을 기준으로 했을 때 70점 정도밖에 되지 않는다. 관광 상품은 천편일률적이며 단체관광이 많은 중국 관광객의 특성상 매끼 식사가 기대 이하로 제공되는 경우도 허다하다. 상황이 이러하다 보니 다시 한국을 방문할 의사가 있는지를 물으면 응답이 낙관적이지 않다. 게다가 중국 관광객 유치에 힘을 쏟고 있는 일본도 무시 못 할 변수로 작용한다.

중국인 관광객의 발길을 계속 붙잡기 위해서는 한국 관광산업 전체의 품질을 높여야 하며 차별화된 콘텐츠를 끊임없이 개발해야 한다. 더불어 가벼운 상술, 바가지, 사기 등을 근절해야 할 것이다. 이는

쇼핑을 위해 아낌없이 돈을 쓰는 중국 관광객들로 인해
한국 관광산업이 중국 관광객 위주로 재편되고 있다.

단지 중국인 관광객을 유치하기 위해서만이 아니다. 한국이 고부가

가치 산업인 관광의 대국으로 성장하기 위해 뛰어넘어야 하는 과제

이기도 하다.

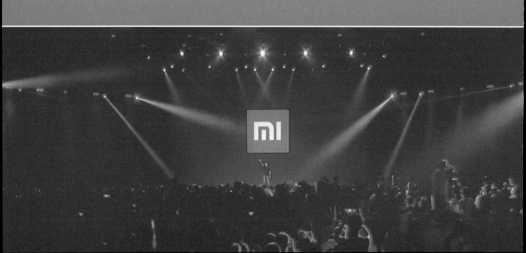

# PART 2

# 짝퉁을 넘어
# 세계 1위로,
# 중국 기업의 힘

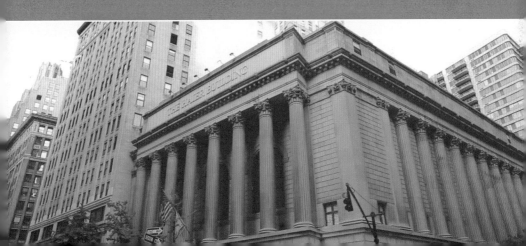

# 알리바바,
# 세계를 놀라게 한 **전자상거래 업체**

## 하루 매출 10조,
## 거대 공룡의 탄생

2014년 9월, 뉴욕 월 스트리트가 한 중국 기업의 등장으로 떠들썩했다. 중국 최고의 온라인 전자상거래 기업인 알리바바가 뉴욕 증시에 상장한 첫날 주가가 폭등해 시가총액 242조 원을 기록한 것이다. 이는 페이스북, 삼성전자, 아마존보다 더 큰 규모로, 구글에 이어 세계 인터넷 기업 중 2위에 해당하는 금액이었다. 알리바바의 창업자 마윈은 순자산 24조 원으로 중국 대륙 최고의 부자로 등극했다.

알리바바는 영어교사였던 마윈이 8,000만 원의 자본금으로 1999년에 설립한 회사다. 창업식에서 마윈이 "우리는 이 회사를 세계 최대 전자상거래 기업으로 키워나갈 겁니다. 그리고 머지않아 우리 회사는 전 세계 웹사이트 10위 안에 들게 될 겁니다"라고 포부를 밝혔을 때만 해도 알리바바는 수많은 인터넷 쇼핑몰 사이트 중 하나였을 뿐이다. 그런데 창립 6년 만에 2년 연속 100억 원대 매출을 기록하였고 창업 14년 만에 170조 원의 매출을 올리는 세계 최대의 전자상거래 기업으로 우뚝 섰다. 이는 놀라움 그 자체다.

그리고 우리는 알리바바로 인해 또 한 번 놀라운 일을 목격하게 되었다. 2014년 11월 11일, 단 하루 만에 알리바바의 거래액이 10조 원을 돌파한 것이다. 그야말로 거대 공룡의 탄생이다. 알리바바는 어떻게 이 같은 성과를 낼 수 있었을까?

**마윈**
/ 알리바바 그룹 창업자

**뉴욕 증시 상장 첫날 알리바바는 구글에 이어 시가총액 2위를 기록했다.**

11월 11일은 한국에서 '빼빼로데이'로 유명하다. 이날 한국의 젊은이들은 빼빼로를 주고받는다. 하지만 중국에서 이날은 '싱글데이'다. 싱글들이 서로에게 선물을 주기도 하고 싱글인 사람이 스스로에게 선물을 주기도 한다. 그래서 이날 대부분의 온라인 쇼핑몰은 할인 행사를 하며 특수를 누려왔다.

　　알리바바 역시 싱글데이 프로모션 이벤트를 시행했는데 20여 개국 업체가 참가한 사상 최대 규모였다. 또한 항저우 본사 타오바오청에 460여 개 내외신 언론사를 초청하여 전광판을 통해 실시간 매출 현황을 보여주는 획기적인 이벤트를 진행했다. 알리바바는 이 행사를 인터넷으로 고스란히 생중계함으로써 소비자들의 적극적인 참여를 이끌어냈을 뿐만 아니라 11월 11일 할인행사 자체를 축제로 만들었다. 전광판에 올라가는 숫자를 보며 사람들은 환호했다. 이날 알리바바의 쇼핑 매출을 10조 원으로 끌어올린 고객은 중국인뿐만이 아니다. 한국, 홍콩, 대만, 마카오, 미국, 캐나다, 브라질 등 200여 개국의 다양한 국적을 가진 사람들이 참여해 세계적인 이벤트로 규모가 커졌다.

　　이는 우리에게 시사하는 바가 크다. 중국의 특정한 날에 이루어지는 행사가 세계로 확대되는 가능성을 보였으며, 그 가능성이 곧 현실이 될 것을 보여주었기 때문이다. 11월 11일은 우리에게 빼빼로 데이다. 빼빼로를 팔려는 기업의 언론 플레이 때문에 이 같은 문화가

싱글데이 이벤트를 생중계한 알라바바는 하루 동안 10조 원이 넘는 매출을 기록했다.

형성되었다는 비판도 있지만, 어쨌거나 어느 순간부터 젊은이들은 빼빼로를 주고받기 시작했다. 하지만 가까운 미래에 한국의 11월 11일 역시 싱글데이가 되어 온라인 쇼핑몰의 할인행사가 하나의 문화로 정착될지도 모른다. 세계 곳곳에 영향력을 미치는 중국은 단지 경제뿐만 아니라 문화에서도 강력한 힘을 발휘하기 시작했다.

---

## 사람들의 불안을 기회로 바꾼
## '알리페이'

중국의 경제성장과 함께 괄목할 만한 성장세를 보이는 시장이 있다. 바로 전자상거래 시장이다. 2009년부터 시작된 성장세는 단 4년 만에 71%의 성장률을 기록하고 있다. 중국 재정경제부에 따르면 2014년 중국의 전자상거래 시장 규모가 약 2,275조 원에 이른다는 조사 결과가 나왔다. 이처럼 급속한 성장세로 소비자의 피해 사례가 늘어나기도 했다. 물건값을 지불하고도 물건을 받지 못하거나 전혀 다른 물건을 받게 되는 경우가 다반사였다. 점포에서 직접 눈으로 확인하고 구입하는 것이 아닌 만큼 전자상거래는 체계적인 결제 시스템이 필요하다. 그런데 알리바바의 마윈이 결제 시스템에서 새로운 혁신을 만들어냈다. 바로 '알리페이'다.

알리바바에서 알리페이 서비스를 제공하기 전에는 중국 이베이가

80%의 점유율을 차지하고 있었다. 하지만 2003년 알리페이의 등장으로 결제 시스템의 점유율이 바뀌었고 알리페이는 중국에서 제일 많이 사용하는 지불수단이 되었다. 2014년 말 기준으로 알리페이 가입자 수는 8억 2,000만 명으로 중국인의 3분의 2가 알리페이를 이용하고 있으며, 한 해 거래되는 돈만 650조 원에 이른다. 알리바바에서 알리페이 서비스를 시작한 후 5년 만에 중국 1위를 차지하게 된 것이다.

알리페이는 단 한 번의 클릭만으로도 안전하게 결제할 수 있게 한 온라인 간편 결제 시스템이다. 휴대전화로 QR코드를 찍어서 알리페이를 통해 계산할 수도 있다. 알리페이의 가장 큰 장점은 간편 결제가 가능하다는 것이다. 또한 제3자 결제 중계 시스템을 사용하면서 안전성을 확보했다.

**중국인의 3분의 2가 온라인 간편 결제 시스템인 알리페이 서비스를 사용 중이다.**

제3자 결제 시스템은 은행계좌나 신용카드를 알리페이 계정에 등록하여 전자상거래 웹사이트에서 물건을 구매할 때 결제 시마다 사용하는 전자지갑 서비스다. 이 시스템은 결제를 한 순간 판매자에게 돈이 지급되지 않는다. 결제 시스템이 물품 배송 기간 동안 구매대금을 보유하고 있다가 구매자가 물건 수령을 확인한 후에 판매자에게 구매대금을 전해주는 방식이다. 그러므로 구매자는 사기를 당하지 않고 제대로 된 물건을 받을 수 있다.

이 같은 시스템은 전자상거래에 불안감을 느끼던 사람들에게 신뢰를 주었다. 현재 알리바바는 중국 온라인 쇼핑 시장의 80%를 장악했을 뿐 아니라 게임, 금융, 물류 등으로 사업 영역을 공격적으로 확장해가고 있다.

**데이비드 달러**
브루킹스 연구소 선임연구원

알리바바는 현재 미국 주식 시장에서 최고로 인정받는 회사입니다. 그들이 말한 대로 미국을 비롯한 다른 국가로 인터넷 거래 사업을 확장하게 된다면 경쟁자인 아마존, 페이팔 같은 미국의 거대 기업을 제치고 성공할 수 있을지 주목됩니다.

# 샤오미,
# 짝퉁 기업에서 거대 기업으로

---

**모든 사람이**

**살 수 있는 제품을 만든다**

샤오미의 신상품 설명회에서 레이쥔 회장은 청중에게 이렇게 말했다.

"우리의 사명은 모든 사람이 살 수 있는 좋은 제품을 만드는 거잖아요, 맞죠? 그래서 이번에 샤오미 4 가격 역시 35만 원으로 책정했습니다."

레이쥔의 말에 청중들은 환호했다. 이 그림은 마치 애플의 스티브 잡스를 연상시킨다. 검은 목티에 청바지를 입고 잡스와 같은 스타일로 신상품을 소개하기 때문이다. 청중 역시 마찬가지다. 미국의 청중이 애플에 열광하듯 중국의 청중 역시 샤오미에 열광한다. 샤오미는 중국인에게 중국 IT 업체의 자존심을 세워준 기업이다.

　중국 스마트폰 시장은 연간 4억만 대가 판매되는 시장으로 이 중 5%만 차지해도 글로벌 시장 10위가 될 수 있다. 2014년 샤오미는 중국 시장 점유율 14%를 차지하며 삼성전자를 제치고 중국 스마트폰 시장 1위에 올라섰다. 중국 내 수요만으로도 글로벌 시장에서 삼성과 애플을 위협하게 된 것이다. 중국 내 시장에서 삼성을 누르면서

경쟁사 대비 파격적인 가격을 제시한 샤오미의 신제품 발표회 현장

중국 제품이 더는 저질이 아니라는 것을 보여주었고, 심지어 중국 기업이 영원히 따라잡기 힘들 것 같다고 생각한 애플까지 따라잡아 버렸다. 거의 기적에 가까운 일이 벌어졌다.

샤오미는 중국인의 열광을 이끌어내는 분명한 이유를 가지고 있다. 레이쥔이 신상품 설명회에서 "모든 사람이 살 수 있는 좋은 제품을 만드는 것"이라고 말한 제품은 바로 질이 좋으며 가격은 저렴한 제품이다. 실제로 샤오미의 제품은 꽤 높은 수준의 품질을 유지하면서 가격 경쟁력에서도 우위를 점하고 있다. 샤오미가 제품 가격을 낮출 수 있었던 것은 마케팅과 유통의 혁신, 거의 마진율을 남기지 않는 판매 방식 때문이다.

먼저 그들은 기존의 매스미디어에 마케팅 비용을 쓰지 않는다. 대신 홈페이지나 SNS를 이용해 상품 출시를 알리고 입소문을 유도한다. 삼성이나 애플이 어마어마한 비용을 마케팅에 뿌리는 것과는 전혀 다른 행보다. 또한 온라인 상거래 사이트를 구축하여 기존의 유통망과 별개로 주문받은 제품을 배달해준다. 이로 인해 유통비의 30%를 절감하는 단말 유통 혁신을 이루어냈다.

샤오미에서 출시한 대부분의 스마트폰은 마진율을 거의 10%만 남기고 판매한다. 애플 아이폰의 마진율이 40%대인 것을 감안한다면 거의 원가나 다름없는 수준이다. 샤오미는 스마트폰을 판매하는 것으로 이윤을 남기려 하지 않는다. 대신 게임, 쇼핑 등의 앱을 통해 수익을 창출하는 데 중점을 두고 있다.

　이 같은 방식으로 가격 거품을 싹 뺀 샤오미는 주머니가 가벼운 사람들에게 환영받을 만하다. 삼성이나 애플보다 제품 가격은 반에 불과하지만 질은 그렇게 떨어지지 않는다. 말 그대로 가격대성능비가 좋은 스마트폰을 생산 판매하고 있다.

## 젊은 층을 공략하는
## 마케팅

　　　　　　　　2010년 설립되었을 당시만 해도 샤오미의 기업 가치는 2,750억 원에 불과했지만, 2014년에는 50조 원으로 200배가량 폭등했다. 2014년 한 해 스마트폰 판매 수는 6,112만 대로 삼성과 애플에 이어 세계 3위로 뛰어오르는 성과를 내기도 했다. 샤오미의 레이쥔 회장은 2015년 매출액이 17조 5,000억 원을 넘어설 것이라는 예측을 내놓았다.

　창업한 지 5년밖에 되지 않은 회사가 세계적인 기업으로 우뚝 설 수 있었던 데에는 13억 중국 내수시장이 있었기 때문이라는 것은 그 누구도 부정하지 못할 것이다. 만약 샤오미가 중국 기업이 아니었다면 그 기술력으로 삼성이나 애플을 따라잡는 일은 불가능에 가깝다. 하지만 그렇다고 해서 샤오미가 13억 내수시장을 아무 준비 없이 등에 업은 것은 아니다.

중국에는 스마트폰을 제조하는 회사만 300개가 넘는다. 그중 시장 점유율 10위 안에 들어가는 중국 업체는 6개나 된다. 대표적인 기업으로 레노버, 화웨이 등이 있다. 샤오미가 경쟁한 상대는 단지 삼성이나 애플뿐 아니라 자국의 스마트폰 제조 업체도 포함되어 있다는 말이다. 삼성이나 애플보다 홈그라운드의 장점을 누린 부분은 있겠지만, 중국 다른 업체와의 경쟁에서는 출발 선상이 같았다. 그런데도 중국의 경쟁 업체를 뛰어넘어 중국 내 1위를 점한 것이다.

샤오미에는 레이쥔 외에 공동 창업자가 6명 더 있다. 그들 중 한 명인 린빈 사장은 미국의 마이크로소프트사에서 윈도 2000 개발 등에 참여했고, 구글에서는 연구개발 인력을 총괄하는 일을 맡기도 했다. 레이쥔은 자사 경영진에 대해 "우리는 대학을 막 졸업한 20대가 아니라 글로벌 IT 업계에서 10년 이상의 경력을 쌓은 전문가 집단"이라고 말한다. 샤오미의 도전이 최상의 성과를 낼 수 있다고 자신한 데에는 바로 이 인력풀이 뒷받침되어 있었기 때문이다.

하지만 샤오미의 성공에서 가장 큰 역할을 한 것은 젊은 층을 공략하는 마케팅이었다. 샤오미는 모든 제품을 인터넷을 통해서만 판매한다. 그리고 그 방식도 전투적이다. 일정 물량을 제한된 시간에 홈페이지와 모바일 메신저 등 온라인에서만 판매한다. 일종의 헝거 hunger 마케팅이다. 헝거 마케팅은 굶주림 혹은 배고픔을 뜻하는 헝

거를 자극하는 일종의 심리 전술이다. 이를테면 수요가 1,000개라고
하면 시중에는 800개의 물량만 내놓는 식이다. 그것도 언제든 구입
할 수 있는 게 아니라 제한된 시간 안에 제한된 구입처에서만 구입
이 가능하다. 이는 소비자에게 샤오미 제품은 쉽게 구할 수 없는 제
품이라는 인식을 하게 했다. 구하기 힘든 만큼 더 간절하게 원하게
되는 것이다. 그 결과 샤오미는 단 2분 만에 모든 물량을 판매하는

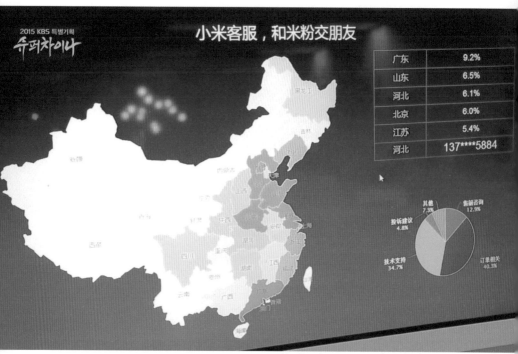

샤오미의 중국 지역별 점유율 지도. 마케팅과 유통의 혁신을 통해 가격 경쟁력을 확보한
샤오미는 경쟁사를 꺾고 중국 내 점유율 1위를 차지했다.

신기록을 세웠다.

샤오미의 레이쥔 회장은 "한 시대를 선도할 거대한 물결이 왔을 때 그 길목에 서 있다면 남들보다 쉽게 성공을 거머쥘 수 있다"고 생각했다. 그는 중국 시장의 흐름을 읽고 그 흐름 속에서 기회를 엿보며 탄탄한 준비를 하고 있었다. 헝거 마케팅은 자신은 물론이고 샤오미를 성공으로 이끄는 역할을 톡톡히 해냈다.

## 샤오미를 모방하는
## 짝퉁의 반격

한때 중국에서 만드는 많은 제품에 '짝퉁'이라는 말이 고유명사처럼 붙어 다녔다. 세상에 있는 어떤 물건도 모방해낼 수 있을 것처럼 중국에는 짝퉁 물건이 넘쳐났다. 그래서 중국인은 짝퉁에 대해 관대한 편이다. 짝퉁은 창조를 위한 모방이며, 모방은 선진국을 따라잡을 수 있는 가장 빠른 방법이라는 의식이 만연해 있다. 게다가 중국은 지적 재산권 침해에 대한 처벌 수위가 높지 않은 데다 단속이 쉽지도 않다. 이 때문에 세계의 많은 기업이 '중국의 짝퉁 제품'으로 인해 적지 않은 손해를 입었다. 짝퉁 제품은 기업의 매출을 감소시키는 것은 물론이고 제품 신뢰도와 브랜드 가치까지 하락하게 하기 때문이다.

짝퉁의 폐해는 부메랑이 되어 중국 기업과 중국인에게 타격을 입히기도 한다. 중국 국가공상행정관리총국의 발표에 따르면 알리바바의 쇼핑몰인 타오바오에서 거래되는 상품 중 정품은 단 37.5%에 불과하다고 한다. 이는 60% 이상이 짝퉁 물품 거래라는 말이다. 이 발표로 알리바바의 주가가 하락하여 뉴욕 증시에 상장하던 당시보다 시가총액이 16%나 감소하는 상황까지 가기도 했다.

개발도상국이 선진국을 따라가기 위한 방법의 하나로 '모방'을 선택하는 것은 어찌 보면 당연한 일이기도 하다. 부정적인 말로는 짝퉁이지만 긍정적으로 해석하자면 일종의 벤치마킹이기 때문이다. 실제로 중국은 1978년 개혁개방 이후 선진국의 많은 제품을 모방하며 발전해왔다. 처음에는 모방으로 시작했지만 점차 독자적인 기술을 개발해나가고 있다.

샤오미 역시 초기에는 '애플의 짝퉁'이라는 비아냥거림을 받았다. 애플의 디자인을 그대로 베꼈기 때문이다. 레이쥔의 잡스 따라 하기도 한몫했다. 하지만 이제 레이쥔은 "나는 레이 잡스라는 별명이 싫다"며 자신을 잡스와 연관시키는 것을 거부한다.

모방과 벤치마킹의 경계는 모호하다. 밖에서 보기에는 모방이지만 샤오미는 기업 초기 단계에서 당연히 있을 법한 벤치마킹이라고 주장한다. 실제로 레이쥔은 모방에 대해 당당한 태도를 보여왔다. 창업한 지 3년이 지났을 즈음 중국 언론과의 인터뷰에서 "샤오미는 신생

기업이기 때문에 독자 기술을 개발하는 데는 시간이 필요하다"고 말했다. 발전하기 위해 어쩔 수 없이 모방하지만, 기업이 자리를 잡으면 창의적인 제품을 만들 수 있다는 것이다.

이 말을 증명하듯 샤오미는 그들만의 독자적인 운영체제인 '미유아이MIUI'를 개발했다. 대부분 스마트폰이 iOS나 안드로이드 운영체제를 사용하는 데 반해 기술에서도 혁신을 일으켰다. 미유아이는 이미 26개국 언어 버전이 나와 있으며 1억 명 이상이 사용하고 있다.

그런데 이제 샤오미가 짝퉁의 반격을 받고 있다. 샤오미의 성공은 필연적으로 중국 시장에서 샤오미의 짝퉁 제품들을 범람하게 했다. 결국 레이쥔이 한 공식 석상에서 "샤오미의 모방 제품을 사지 말아달라"고 부탁하는 상황까지 벌어졌다. 이는 어떤 측면에서 보자면 모순적이다. 샤오미 또한 짝퉁 아이폰이라는 비아냥을 들으며 출발했기 때문만은 아니다. 샤오미의 따라 하기는 여전히 현재 진행 중이기 때문이다. 경쟁 업체가 등록한 특허를 마음대로 갖다 쓰는 탓에 소송에 걸리는 일도 허다하다. 자사의 짝퉁 제품에 대해서는 경계심을 보이면서, 여전히 다른 회사의 제품을 베끼는 태도를 유지하는 것은 그다지 설득력이 없다.

스마트폰 시장은 진입 장벽이 높은 편이다. 웬만한 기술력으로 유저의 마음을 사로잡기 어렵다. 노키아, 모토로라의 몰락에서 알 수 있듯 소비자의 요구에 맞추어 발 빠르게 움직이지 못하면 금방 뒤처지고 만다. 샤오미는 '짝퉁 애플'이라는 비아냥에도 불구하고 창업 5년 만에 중국 시장에서 점유율 1위를 기록할 정도로 급성장세를 보인 저력이 있다. 하지만 이제 되레 그들이 짝퉁에 발목 잡히는 상황이 벌어졌을 뿐 아니라, 중국 시장을 넘어 세계 시장을 매혹해야 하는 갈림길에 서 있다.

중국 1위로 세계 1위가 될 수 있는 것은 분명한 현실이나 시장의 파이는 확실히 세계가 크다. 중국 시장을 점령해 세계 스마트폰 시장을 놀라게 한 데 그치지 않고 세계 시장도 점령하기 위해서는 아직도 많은 과제가 남아 있다.

# 하이얼,
# 백색가전 세계 1위

---

**폐업 직전의 냉장고회사를 살린**
**품질경영**

미국 뉴욕 맨해튼 브로드웨이 1356
번지, 90여 년의 역사를 자랑하는 유서 깊은 은행 건물에 '하이얼' 간
판이 걸렸다. 하이얼은 중국의 대표적인 민영기업 중 하나다. 현재
전 세계에 24개의 공장을 운영하고 있으며, 160개국 이상에서 판매
망을 구축하고 있다. 지난 5년간 세계 냉장고 판매량 1위를 내놓은
적이 없는 데다 와인 냉장고 시장에서는 60%의 점유율을 보인다.

하이얼이 백색가전 분야의 강자로 군림하게 된 배경에는 현재 회
장인 장루이민이 있다. 1984년 12월, 장루이민은 하이얼의 전신인
국영기업 칭다오 냉장고의 새 공장장으로 임명되었다. 그 당시 칭다

오 공장의 재정 상태는 파산 직전이었고, 기계가 제대로 돌아가지 않아 폐업 위기에 처해 있었다. 하지만 그는 최악의 상황에서도 냉장고를 만들어냈다.

그런데 이듬해 냉장고 품질에 문제가 있다는 고객의 항의를 받고는 사내에서 저질제품 박람회를 열었다. 그 결과 400대의 냉장고 중 76대의 냉장고에 문제가 있다는 것을 알게 되었다. 장루이민은 그들이 만든 냉장고를 쓰레기라고 말하며 망치로 부숴버렸다. 당시 냉장고는 공장 직원의 2년 치 월급에 해당하는 고가품이었다. 이후 장루이민은 새로운 슬로건을 내걸었다.

"품질이 제일 중요하다."

기업이 품질 경쟁력을 강조하는 것은 매우 당연한 일이다. 하지만 그 당시 중국은 빠른 시간에 최대한 많은 수량을 만들어내는 데 따라 시장 점유율이 결정되는 분위기여서 이것은 거의 혁신에 가까운 결정이었다. 이때 장루이민은 3대 제로 원칙을 내세웠다. 무결점, 무부채, 시장과의 거리를 제로로 만드는 것이 그것이다. 만들기만 해도 팔리던 시대에 불량품을 부순 그의 고집은 3대 제로 원칙을 끝까지 지켜나가도록 했다. 이후 하이얼은 품질과 혁신을 중시하는 경영철학으로 냉장고를 만들어왔으며 중국 소비자에게 신뢰를 주었다.

1999년 미국 시장에 진출했을 때도 품질과 혁신의 경영철학은 힘을 발휘했다. 대형가전 위주의 미국 시장에서 소형 가전제품으로 틈

생산량을 중요시하던 시절 장루이민 회장은
불량 냉장고를 망치로 부숴버릴 정도로 품질을 강조했다.

새시장을 공략한 것이다. 품질 대비 가격 경쟁력도 높아 미국 소비자
의 마음을 사로잡았다. 하지만 하이얼 부총재인 리판의 말에 따르면
아직까지도 하이얼 매출의 절대적인 비중을 차지하는 것은 내수시
장이다.

**리판**
하이얼 그룹 부총재

중국 13억 내수시장은 우리의 기초입니다. 내부가 안정되지 못하면
외부에서도 강하지 못합니다. 국내 시장은 우리가 서비스하는 소비
자들의 근본입니다.

뉴욕 중심가에 위치한 하이얼 빌딩

하이얼이 세계 1위 가전 업체의 위엄을 떨칠 수 있는 것은 바로 13억의 충직한 소비자가 있기에 가능하다. 하이얼은 중국 1등이 세계 1등이 될 수 있음을 증명했다.

## '고객은 항상 옳다'는 철학

하이얼 제품은 "메이드 인 차이나 제품은 질이 낮다"는 인식이 만연했을 때조차 질적인 측면에서도 경쟁력을 가지고 있었다. 장루이민 회장이 품질을 중시하는 경영철학을 고집스럽게 관철했기 때문이다. 그리고 이 철학은 하이얼의 마케팅 전략과도 맞닿아 있다.

하이얼의 마케팅에서 가장 중요한 점은 '고객의 마음을 얻는 것'이다. 기본적으로 마케팅은 고객의 마음을 얻어 제품의 판매까지 이어지도록 하는 것이다. 그런데 하이얼이 말하는 마케팅은 기존의 마케팅과 조금 다르다. "마케팅은 파는 것이 아니라 고객의 마음을 사는 것"이라는 인식을 기반으로 하고 있기 때문이다. 고객의 마음을 사는 마케팅에서 가장 중요한 것은 기업의 신용이다. 제품을 파는 것은 그다음 문제다. 그래서 그들은 말한다.

"고객은 항상 옳다."

고객은 항상 옳으므로 고객에게 절대로 "아니오"라는 말을 해서는 안 된다. 심지어 고객이 제기하는 불만은 기업에 주는 최고의 선물로 인식한다. 고객의 불만은 기업이 앞으로 개선해나가야 할 문제이며, 그것이 곧 발전을 가져다주기 때문이다. 이러한 철학은 '고구마 세탁기'로 유명해진 일화를 낳기도 했다.

장루이민이 1997년 10월 서부 내륙의 쓰촨 성으로 출장을 갔을 때의 일이다. 그는 한 고객이 세탁기 배수관이 자주 막힌다고 항의하는 것을 들었다. 직원이 가서 조사해보니 농민들은 세탁기를 옷을 세탁하는 데만 사용하지 않았다. 고구마 등의 농산물도 세탁기에 돌려 씻고 있었던 것이다. 그러다 보니 찌꺼기가 쌓여 세탁기의 배수구가 막히는 일이 벌어졌다. 당시 직원은 농민들에게 올바른 세탁기 사용법을 가르쳐주자고 주장했다. 하지만 장루이민의 생각은 달랐다. 그는 고구마 같은 농산물을 씻어도 문제가 없는 세탁기를 만들면 된다고 맞받아쳤다. 실제로 6개월 뒤 하이얼에서는 고구마를 씻어도 문제가 생기지 않는 일명 '고구마 세탁기'를 개발했다. 고구마 세탁기는 초기 물량 1만 대가 하루 만에 완판될 정도로 인기를 끌었다.

"고객이 항상 옳다"는 "항상 고객의 니즈를 파악해야 한다"의 다른 말이다. 팔아서 이익을 챙길 수 있는 물건이 아니라 고객이 필요로 하는 물건을 만들어야 한다는 것이다. 장루이민의 이러한 고집은 〈포브스〉가 '세계에서 존경받는 기업'으로 선정할 정도로 브랜드 이미지를 높여놓았다.

## 소형가전으로
## 틈새를 공략하다

가전제품 소비자는 대체로 보수적이다. 가전제품은 안전과 직결되어 있어 검증된 제품만을 사용하려는 경향이 강하다. 게다가 돈을 더 주는 한이 있더라도 고장 나지 않고 오래 사용할 수 있는 제품을 선호한다. 특히 자국 브랜드가 자리를 잡은 시장일 경우에는 국외 기업의 진입이 더 어려운데, 생활 패

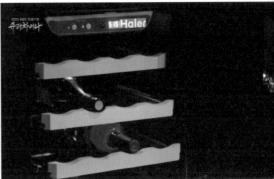

**대형가전 위주의 미국 시장에서 하이얼은 소형가전이라는 틈새시장을 공략하였다.**

턴에 많은 영향을 받기 때문이다. 한국도 삼성전자와 LG전자가 가전제품 시장의 80% 이상을 장악하고 있어서 외국 가전 업체의 진입 장벽은 높기만 하다. 그런데 하이얼은 1999년에 미국 시장에 진출해 미국의 소비자를 사로잡는 성과를 이루어냈다. 당시만 해도 '메이드 인 차이나'의 이미지는 질이 좋지 않은 저렴한 제품이었다. 기본적으로 보수적인 성향이 강한 데다 '메이드 인 차이나'에 대한 편견까지 더해진 가전제품 시장에서 중국은 어떻게 이 같은 성과를 낼 수 있었을까?

그 답은 틈새시장 공략에 있다. 당시 미국의 가전제품 시장은 대형 가전 위주로 판이 짜인 상태였다. 미국 소비자는 가전제품의 크기를 선택할 여지가 그다지 많지 않았다. 이런 상황에서 하이얼은 소형 가전제품을 내세웠다. 작고 간편한 세탁기, 공간을 많이 차지하지 않는 냉장고 등 굳이 대형 가전제품이 필요하지 않은 소비자를 공략한 것이다. 1인 가구가 늘어나는 추세에서 이 전략은 신의 한 수였다. 또한 나날이 치솟는 부동산 가격으로 넓은 집을 가지지 못한 사람들에게 환영받을 일이었다. 품질 대비 가격 경쟁력이 높기까지 하니 짧은 시간에 소비자의 마음을 사로잡았다.

하이얼의 성공에는 철저한 브랜드 전략이 있다. 기존의 업체와 차별화된 전략으로 브랜드 이미지를 형성했다. 또한 소비자의 니즈를 자극하면서도 품질이나 기능에서 전혀 뒤떨어지지 않았기에 소형 가전제품의 바람을 일으켰다. 시장의 흐름을 읽고 소비자가 원하는 것이 무엇인지 정확하게 파악했기에 가능한 일이었다.

# 왕빈 그룹,
# 플라스틱 액자 공장의 진화

---

## 한국이 독주하던
## 액자 시장에 도전하다

대기업의 손길이 뻗치지 않은 액자 수출 시장은 한국의 중소기업에 아주 좋은 시장이었다. 특히 플라스틱 액자 시장은 한국 업체가 거의 독주하다시피 했다. 그런데 이 독주에 제동을 거는 기업이 나타났다. 바로 중국의 왕빈 그룹이다.

왕빈 그룹은 액자, 가구 등을 생산 판매하는 중국의 대형 민영기업으로, 현재 액자 수출 시장에서 점유율 1위를 차지하고 있다. 중국 전역에 7개의 공장과 200여 개의 판매 계열사, 600여 개의 직영점이 있으며 직원만 1만 5,000여 명이다.

왕빈 그룹의 처음은 초라했다. 창업자 왕빈 회장은 이우 시장에서 인테리어 재료를 도매로 팔았다. 그러다 1986년 플라스틱 액자 공장을 세웠고 지금의 왕빈 그룹이 되었다.

**왕빈**
왕빈 그룹 회장

회사를 계속 확장할 수 있었던 것은 중국의 13억 인구가 있었기 때문입니다. 초기에는 내수시장 수요에 맞춰 액자를 생산 판매해 기반을 다졌습니다. 그렇게 중국에서 기반을 다진 후 더 좋은 설비로 바꿔 수출을 시작했습니다.

왕빈 회장은 중졸 학력에다 농민 출신으로 많이 배운 사람은 아니다. 하지만 현재 그는 자가용 헬기를 소유하고 수억 원대의 최고급 수제 자동차로 이동하는 사람이 되었다. "부자가 되고 싶다는 강한 열망이 있었다"는 그의 고백처럼 그의 성공에는 의지가 크게 작용했다. 하지만 이러한 열망이 곧 성공으로 이어지는 것은 아니다. 또한 내수시장이 아무리 큰들 누구나 기회를 잡을 수 있는 것도 아니다.

왕빈 그룹의 운영 전략은 '전국 제일, 세계 제일'이다. 단지 기업의 규모를 키우는 것이 아니라 뛰어난 품질로 승부수를 띄우겠다는 말이다. 소비자가 만족하는 물건을 만드는 기업만이 살아남을 수 있다.

그러기 위해서는 시장의 흐름을 발 빠르게 읽고 선도해나갈 뿐 아니라 품질에서도 우위를 점해야 한다. 왕빈 회장은 바로 이 지점에서 전략가의 면모를 보였다. 대표적인 예가 단순한 액자에서 벗어나 명화를 넣어 파는 그림 액자를 개발한 것이다.

## 미술학도가 그린
## 명화 액자로 진화

팬시점이나 액자 가게에 가면 액자뿐 아니라 액자 속에 넣을 만한 명화 프린트까지 구입할 때가 있다. 액자와 함께 파는 명화 대부분은 기계로 찍어 만든 것이다. 그래서 그림 가격이 그다지 높지 않다. 그런데 왕빈 그룹은 이 같은 스타일을 벗어나 색다른 전략을 모색했다. 명화를 기계로 찍는 대신 사람이 직접 손으로 그려 만들게 한 것이다. 이 전략은 성공적이었다. 경제성장과 함께 보다 높은 질의 제품을 요구하게 된 중국 소비자의 마음을 사로잡았다.

사람이 일일이 그림을 그리다 보면 아무래도 대량생산은 불가능하다. 하지만 왕빈 그룹의 그림 액자 공장에는 일일이 명화를 모사하는 직원이 150명에 달한다. 이들은 전부 미술대학 출신의 미술학도다. 전문가의 손에서 나온 그림은 기계로 찍은 것과는 비교할 수 없을 정도로 높은 품격과 가치를 지닌다. 이렇게 만든 그림 액자는 일반 액자보다 열 배 이상 높은 가격을 받고 전 세계 레스토랑으로 팔려나간다.

　중국은 한국 이상으로 교육열이 높으며 인적자원도 풍부하다. 왕빈 그룹의 새로운 전략이 가능했던 것도 바로 이 같은 인적자원이

**왕빈 그룹의 성공 비결은 액자 공장에서 명화 액자 생산으로, 다시 고가의 홍목 가구 제작으로 고객의 니즈를 읽고 발 빠르게 변화한 데 있다.**

구축되어 있기 때문이다. 다른 선진국의 전문 인력보다 인건비도 비교적 낮은 편이다. 이런 이유로 중국 기업은 가격 경쟁력에서도 우위를 차지할 수 있었다.

처음에는 선진 기술을 모방하는 수준에 그쳤지만 지금은 창의적인 전문 인력이 넘쳐난다. 실제로 해마다 엄청난 양의 전문 인력을 배출하고 있다. 인적자원은 그 어떤 자원보다 많은 시간과 노력이 필요하며, 인적자원이 얼마나 많은지에 따라 한 국가의 미래가 결정된다. 이런 측면에서 중국은 무한한 발전 가능성을 보인다.

## 소장용 공예품 시장으로의
## 진출

왕빈 그룹의 새로운 시도는 현재 진행 중이다. 소비자가 원하는 것이 무엇인지 끊임없이 고민하고 그것을 찾아내면 과감하게 뛰어든다. 그중 하나가 최고급 나무인 홍목으로 중국 전통 가구를 만드는 일이다.

홍목은 세계에서도 가장 비싼 원목 중 하나다. 가구를 만드는 홍목은 수령이 적어도 500~800년 정도 된다. 또한 홍목은 가구 장인의 세밀한 솜씨가 있어야 한다. 특히 명청시대 때부터 내려온 기법으로 만든 홍목 가구는 중국 갑부가 선호하는 아이템 중 하나다.

중국은 경제성장과 함께 고급제품을 선호하는 중산층이 증가했다. 홍목 가구는 수억 원대를 호가하지만 없어서 못 팔 정도로 수요가 많은 편이다. 왕빈 회장은 이 시장의 흐름을 읽은 것이다.

**왕빈**
왕빈 그룹 회장

공예품과 소상품 시장은 언제나 존재합니다. 우리 회사는 지금 중국 이나 세계에서 차지하고 있는 이 위치를 영원히 유지할 겁니다.

홍목 가구의 성공 뒤에도 13억 중국 내수시장이 있었다. 왕빈 그 룹이 창업 30년 만에 글로벌 기업으로 성장할 수 있었던 것은 내수 시장에서 기반을 다졌기 때문이다. 그렇게 번 돈으로 고급 인력과 더 좋은 설비에 아낌없이 투자했고 세계 시장에서 경쟁력을 가지게 되 었다.

왕빈 그룹의 성공에서 우리가 주목할 점이 있다. 바로 왕빈 그룹의 목표다. 왕빈 그룹은 모든 것에서 일류를 지향한다. 이를테면 일류 인재, 일류 상품, 일류 서비스, 일류 기부다. 사람, 상품, 서비스, 사회 환원 중 어느 것 하나도 놓칠 수 없다는 의지이기도 하다.

이 같은 기업 이념이 오늘날 왕빈 그룹을 있게 했다. 그 처음은 화려하지 않았다. 왕빈 회장이 "우리 그룹은 천천히 발전해왔습니다"라고 증언하듯이 숨 가쁘게 발전해온 것도 아니다. 하지만 '일류를 향한 목표'는 왕빈 그룹을 끊임없이 성장하게 하는 동력이 되었고, 앞으로도 그럴 것이다.

# 유쿠 투도우,
## 중국의 유튜브

**수십억 뷰가 만들어내는**
**광고 수익**

　　　　　　　　　 2014년 중국의 유쿠 투도우가 개최한 '투도우 영 초이스 2014' 시상식에서 한국 가수 태양과 그룹 위너가 상을 받았다. 이 소식은 뉴스를 통해 한국에도 전해졌다. 그런데 한국인에게 유쿠 투도우는 아직 익숙한 이름이 아니다. 유쿠 투도우가 무엇인지 알지 못하는 사람이 더 많다.

　　유쿠 투도우는 중국 최대 동영상 사이트다. 현재 세계인이 가장 많이 이용하는 동영상 사이트는 유튜브다. 2005년 채드 헐리, 스티브 천, 조드 카림이 공동 창립했고 바로 그다음 해에 구글이 인수했다. 이후 구글은 그들이 가지고 있는 네트워크망과 서버 환경을 활용해 유튜브를 세계 최고의 동영상 사이트로 발전시켰다. 그런데 중국 정부는 유튜브 접속을 차단했다. 2008년 3월 유튜브에 올라온 티베트 시위 장면을 빌미로 중국 내 접속을 차단해버린 것이다. 이는 곧 중국의 동영상 스트리밍 업체에 기회로 다가왔다. 특히 유쿠와 투도우는 13억 중국 인구를 등에 업고 뉴욕 증시에 상장될 정도로 성장세를 보였다. 중국 동영상 시장의 쌍두마차로 경쟁 관계에 있었던 이 두 기업은 2012년 합병을 통해 유쿠 투도우로 거듭났다.

현재 유쿠 투도우의 사용자는 6억 명이다. 중국인의 절반이 이 동영상 사이트를 이용하는 셈이다. 이 수는 곧 광고 수익으로 연결된다. 한 예로 한국 드라마 〈닥터 이방인〉은 온라인 다운로드 수가 1억 5,000만 뷰에 육박해 폭발적인 광고 수익을 내기도 했다.

6억 명의 사용자를 가진 유쿠 투도우는 이제 한국과 제휴하여
직접 콘텐츠를 제작하는 것으로 사업 영역을 확대하고 있다.

## 동영상 사이트를 넘어
## 콘텐츠 제작사로

유쿠 투도우는 명실상부 중국 최고의 동영상 사이트로 자리 잡았다. 하지만 소후, 아이치이, 텐센트 같은 기업들이 유쿠 투도우를 쫓고 있으며 IT 사업의 특성상 끊임없이 혁신을 꾀하지 않고서는 살아남기 힘들다. 게다가 동영상 사이트는 빠르게 진화하면서 점차 TV화 되어 가는 추세다.

이 같은 상황에서 유쿠 투도우는 한국 콘텐츠에 깊은 관심을 보이고 있다. 한류로 인해 한류 콘텐츠는 성공 가능성이 크기 때문이다. 현재 유쿠 투도우에서 제공하는 한국 영화는 600편 이상이며 시청자는 한 달에 4,000만 명이 넘는다.

**양웨이둥**
유쿠 투도우 CEO

한국 예능과 한국 가요는 유쿠 투도우의 미래를 위해 우리가 주목하는 콘텐츠입니다. DVD 플레이어를 재생하는 것처럼 단순히 방영만 하는 게 아니라 온라인과 오프라인을 아우르는 시스템을 만들 계획입니다.

유쿠 투도우의 성공 모델을 벤치마킹하기 위해 방문한 남미와 아프리카 바이어

　유쿠 투도우는 여기서 멈추지 않는다. 한국의 인기 아이돌 가수가 출연하는 프로그램을 한국과 공동으로 제작해 제작사로서의 면모도 보이고 있다. 이렇게 제작한 프로그램은 유쿠 투도우가 중국 시장에 독점 공급한다. 콘텐츠를 구매해 올리던 틀에서 벗어나 콘텐츠 제작사로 진화하기 시작한 것이다.

　유쿠 투도우의 성공 모델은 남미, 아프리카 등 여러 나라에서 관심을 끌고 있다. 현재 유쿠 투도우의 목표는 종합 문화 그룹으로 성장하는 것이다. 유쿠 투도우의 젊은 CEO 양웨이둥은 자신감에 넘친다. 이들 뒤에 13억이라는 막강한 시장이 버티고 있기 때문이다.

**양웨이둥**
유쿠 투도우 CEO

유쿠 투도우는 플랫폼이라는 우리가 원래 가진 강점을 살리면서 그 생태계 안에 연예인과 영화, 드라마를 배치합니다. 그래야만 완벽한 오락문화 생태가 만들어지기 때문입니다. 한국 영화업계와도 합작하고 상호 교류할 수 있기를 바랍니다. 우리에게는 시장이 있습니다.

# 한국 기업에
# 위기인가 기회인가

---

## 제조업을 넘어 첨단산업에서
## 두각을 나타내는 중국 기업들

중국은 명실상부 미국에 이어 세계 2위의 경제 대국으로 성장했다. 그런데 그 이면을 살펴보면 질적인 측면에서는 아직 부족한 점이 많다. 전통 제조업을 통해 경제성장을 촉진하며 지금의 부를 축적한 탓에 상대적으로 첨단산업에서는 약세를 보여왔다. 중국 반도체 산업은 선진국과 10년 이상의 기술 격차가 있으며 해외 기업에 대한 의존도가 높다. IT 시장에서도 사정은 다르지 않다. 알리바바의 등장으로 중국 IT 기업의 위상이 높아지기는 했지만, 전반적으로 소프트웨어보다 하드웨어에 강세를 보인다. 하지만 첨단산업에 대한 중국의 잠재력은 세계를 긴장하게 할 정도로 높다.

중국은 첨단장비의 세계 최대 소비국이다. 이는 첨단산업이 발전할 수 있는 좋은 토양으로 작용한다. 시장이 크면 클수록 기술 개발의 발전을 가져오기 때문이다. 또한 중국은 첨단산업 인재를 많이 확

첨단산업 분야에서도 중국 기업의 경쟁력이 높아지고 있다.

보하고 있다. 경제성장의 과정에서 쌓은 경험과 높은 교육열이 전문 인력 양성에 크게 기여했다. 이뿐만이 아니다. 해외에서 공부했거나 전문직에 종사하다가 중국으로 돌아온 '하이구이'들도 큰 힘을 보태고 있다. 한 예로 샤오미의 공동 창업자인 홍평과 린빈은 중국의 대표적인 하이구이다. 이들은 각각 구글에서 첨단산업 팀장과 연구소 부사장을 맡았었다.

그리고 무엇보다 첨단산업에 대한 중국 정부의 정책과 지원이 있다. 세계의 산업은 고도화되고 있으며 그 특성상 미래는 첨단산업의 발전 여하에 따라 당락이 결정될 것이다. 이 때문에 선진국들은 앞다퉈 첨단산업에 대한 지원을 아끼지 않는다. 중국 역시 첨단산업을 전략 산업으로 간주하고 육성 지원하고 있다.

특히 두각을 나타내고 있는 분야는 반도체 시장이다. 중국 반도체 시장의 규모는 매년 급속한 성장세를 보이고 있는데, 2018년에는 약 14조 8,500억 원까지 올라갈 전망이다. 문제는 중국 내 반도체 자급률이다. 2008년에는 8.7%에 불과했지만 2018년에는 그 두 배 가까이 되는 16%까지 높일 수 있을 것으로 보인다. 이러한 예측이 가능한 이유는 중국 정부의 적극적인 지원 정책이 뒷받침되기 때문이다.

중국 반도체 업체인 SMIC는 15년 전부터 중국 정부의 지원을 받아왔다. 이에 힘입어 SMIC는 고급기술 인력을 유치해왔으며, 세계적으로 이름난 반도체 업체를 적극적으로 인수 합병하고자 하는 움직임도 보인다. 중국의 반도체 기술은 아직 해외에 의존도가 높은 편이다. 하지만 전문가들은 인재 양성과 막대한 자금력으로 향후 15년 이내에는 세계 정상 수준에 오를 것으로 예측한다.

## OEM을 넘어
## 자체 브랜드로 승부한다

중국 저장 성에 위치한 더블린은 가스나 수도관 사이를 이어주는 다양한 종류의 밸브를 생산하는 중소기업이다. 그런데 이 기업이 처음부터 자사 브랜드를 생산한 것은 아니었다. 처음에는 이탈리아에서 자본과 기술을 들여오는 OEM 방식으로 밸브를 만들기 시작했다. OEM 방식은 외국과 합작해 위탁받은 제품을 생산하는 방식이다. 이탈리아 기업의 OEM 공급으로 시작했던 더블린은 그로부터 8년이 지난 2008년부터 자체 브랜드를 생산하는 기업으로 거듭났다.

**주다이린**
더블린 상임 부사장

자체 브랜드로 바꾼 계기는 인건비 상승이나 구인난 같은 문제를 극복하면서 기업을 발전시키기 위해서였습니다. 기업의 생산단가가 높아지는 문제를 해결하기 위해서였죠.

더블린이 자체 브랜드로 성공할 수 있었던 것은 이익금을 지속해서 연구개발에 투자해 품질을 향상했기 때문이다. 설비 개선과 자동화에도 과감하게 자금을 투자했다. 이는 곧 원가 절감으로 이어져 영업 이익을 크게 증가시켰다. 그 결과 더블린은 세계 70여 개국에 자체 브랜드로 수출하는 성과를 거두었다.

**주다이린**
더블린 상임 부사장

우리는 이러한 전략을 통해 가장 적합한 가격을 매기고 최상의 품질을 고객에게 제공하고자 합니다. 그래서 동급 제품 가운데 우리 제품의 가격이 조금 비싼 편입니다.

기업이 경쟁력을 갖추기 위해서는 지속적인 투자가 필요하다. 광저우에 있는 주방 전문 가구회사 오페인 역시 경쟁력 강화를 위해 투자를 아끼지 않는다. 이 회사는 1894년에 창립하여 지금은 아시아 최대 규모의 가구 업체로 거듭났다. 오페인은 중국에서 최초로 주방 가구 제조를 시작한 회사로서 처음부터 중상류층 고객을 목표로 삼았다. 그리고 고객의 욕구를 만족시키기 위해 개성 있는 디자인을 제공하는 데 중점을 두었다.

해마다 독일에서 최신 설비를 들여와 생산라인에 투입하고, 세계 최고 수준의 디자이너로 조직된 연구개발센터도 운영 중이다. 이로 인해 유럽 가구와 견줄 만한 품질의 가구를 생산하게 되었다. 그러면서도 유럽 가구보다 가격이 비교적 저렴한 편이라 경쟁력까지 확보했다. 그 결과 현재 세계 150개 나라에 수출하는 성과를 이루었다.

중국 기업은 산업 사슬의 단계에서 상위 단계를 향해 계속 매진하고 있다. 그동안 축적해온 자본을 무기로 외국 기업과 기술을 사들이는가 하면, 과감한 재투자로 품질 경쟁력을 높이는 데 여념이 없다. 바로 이러한 이유로 중국 기업이 빠른 성장세를 보이고 있는 것이다.

**차오허핑**
중국 베이징대학교 경제학과 교수

중국 기업은 조만간 뛰어난 생산 능력에 연구개발 능력도 갖추게 될 겁니다. 여기에 중국 내수시장의 성장과 함께 기술 혁신 능력과 가격 결정권까지 모두 갖게 될 겁니다.

경쟁력 강화를 위해 디자인과 품질에 투자한 오페인은
아시아 최대 규모의 가구 업체가 되었다.

기업 경쟁에서 승패를 좌우하는 것은 품질 경쟁력이다. 중국 제품을 알리기 위해 일 년에 두 번 개최하는 광저우 무역박람회에는 전 세계 바이어의 발길이 끊이지 않는다. 기계 부품에서 전자기기, 생활용품에 이르기까지 수천 가지가 넘는 제품이 있는데, 이 중 세계 생산량 1위 품목만 200여 개가 넘는다. 종류와 양에서 그 어떤 박람회도 따라올 수 없을 정도로 압도적이다. 예전과 달리 품질 경쟁에서도 뒤처지지 않아 광저우 무역박람회를 찾는 바이어의 만족도가 높아졌다. 이는 곧 세계 시장을 파고드는 교두보 역할을 하게 되었다.

## 중국의 실리콘밸리,
## 중관춘에서 꿈을 꾸는 미래의 도전자들

현재 중국은 젊은 두뇌들에게 기회의 땅이다. 매년 중국에서 배출하는 이공계 출신 대학 졸업자만 400만 명이다. 이들 상당수가 IT 기업이나 벤처 창업 시장으로 뛰어들고 있으며, 해마다 3,000개의 기업이 새로 생겨난다. 2010년에 세계 15위였던 중국의 창업자 지수는 2012년에는 세계 1위가 되었다. 청년 창업 세계 1위의 바탕에는 중국의 실리콘밸리로 불리는 베이징의 중관춘이 있다. 중관춘은 1980년대 초 전자상가 거리에 불과했지만, 현재 2만여 개의 기업이 입주해 있으며 연간 총 매출은 450조 원을 넘어섰다.

중관춘에 입주한 젊은 두뇌들은 재능과 아이디어만으로 승부를 건다. 한 달에 몇만 원만 내면 이용할 수 있는 사무실이 그들을 위해 준비되어 있다. '차고 카페'도 그중 하나다. 차고 카페는 스티브 잡스가 자신의 집 차고에서 애플을 탄생시킨 것에 착안해 지어진 이름이다. 이곳에 입주한 젊은이들은 서로 정보를 교환하거나 마음 맞는 사람끼리 공동 창업을 하기도 한다.

중국의 실리콘밸리라 불리는 중관춘에는 젊은 인재들이 모여 정보를 교환하거나
공동 창업을 하며 제2의 알리바바와 샤오미를 꿈꾼다.

**둥징보**
중국 IT 벤처기업 CEO

저는 레이쥔의 고집스러움을 좋아하고, 마윈이 창업할 때부터 가졌던 내적 자신감을 좋아합니다. 두 선배의 장점을 배워 저 또한 그 방향으로 나아가려고 합니다.

《21세기 자본》의 저자 토마 피케티는 "부가 분배되는 과정에는 양극화나 높은 수준의 불평등을 불러오는 강력한 요인이 있다"고 진단하며 "경제가 정체될 때 이전 세대에 축적된 자본의 영향력이 늘어난다"고 예측했다. 상속된 부에 따라 결정되는 계층 구조를 지닌 사회는 낮은 성장 체제에서만 생겨나고 존속될 수 있다는 것이다. 그런데 중국 경제는 지난 수십 년간 가파른 상승세를 그리며 성장 중이다. 게다가 기존의 자본주의 사회에서 이전 세대가 다음 세대에게 부를 상속하고 이에 따라 빈부가 결정되는 양극화 현상은 공산주의 사회였던 중국에서는 아직 덜한 편이다.

마치 오늘날의 중국은 중국인에게 "마음껏 능력을 발휘해봐. 그럼 너 자신은 물론이고 우리 중국에도 큰 도움이 될 거야"라고 말하며 기회를 주는 것 같다. 여느 자본주의 사회처럼 중국 사회 역시 경제 성장에 따른 다양한 문제점을 안고 있다. 하지만 '상속된 부'가 아니어도 부를 획득할 기회는 확실히 많은 편이다. 이 같은 기회를 잡고 성공한 기업인들의 경험은 중국 젊은이에게 나도 할 수 있다는 희망을 준다.

알리바바의 창업자인 마윈 역시 중관춘에서 미래를 준비하던 젊은이 중 한 명이었다. 그의 성공은 중국 청년들에게 신화처럼 회자되며 제2, 제3의 알리바바가 되기 위해 도전하게 한다. 그런데 이 많은 도전이 성공하려면 청년들의 창업 문화를 독려하고 지원하는 정책이 뒷받침되어야 한다. 아무리 우수한 인재가 많아도 그들의 성장을 이끌어줄 만한 시스템이 없다면 마음 놓고 재능을 펼치기 힘들다. 한 번의 실패가 곧 인생의 실패로 낙인찍힌다면 누가 창업을 하려고 하겠는가?

중관춘이 성공적인 실리콘밸리로 떠오른 데는 연간 6조 원이 넘는 투자액의 힘도 크다. 중관춘에서 시작해 성공한 기업은 후배들을 위해 투자를 아끼지 않는다. 베이징대학교나 칭화대학교 등 주요 대학도 창업 교육과 관련한 기금 마련 등으로 대학생 창업을 지원하고 있다. 이러한 지원금은 젊은 두뇌들이 마음껏 꿈을 펼칠 기회 자금으로 제공된다. 이 때문에 설혹 실패하더라도 그들에게 돌아갈 금전적 타격은 그리 크지 않다. 중국 정부, 기업, 대학이 이처럼 투자를 아끼지 않는 것은 젊은 두뇌들의 도전이 결국 중국을 더욱 부강하게 만들어줄 힘임을 알고 있기 때문이다.

## 차별화만이
## 살길이다

         중국 기업은 수시로 미국이나 유럽의 기업을 사들이며 글로벌 M&A 시장에서 주목받고 있다. 미국의 경제 전문 언론사인 〈블룸버그〉에 따르면, 2014년 상반기에만 중국 기업의 해외 기업 합병 건수는 250여 건으로 무려 48조 원을 거래한 것으로 나타났다. 중국 최대 자동차 부품 업체인 완샹 그룹은 미국의 전기차 업체인 피스커를 인수했으며, 레노버는 구글이 가지고 있던 모토로라를 인수하면서 글로벌 스마트폰 시장을 뒤흔들었다.

  중국 기업이 세계 유수의 기업을 사들이는 이유는 이것이 가장 빠른 시간에 세계적 기업으로 도약하는 방법이기 때문이다. 상품을 연구하고 개발하는 데 드는 시간을 줄이고 아예 경쟁력을 갖춘 기업을 사들임으로써 대기업을 키워나가겠다는 중국 정부의 전략과도 맞아떨어진다. 중국 정부는 M&A 관련 규제를 대폭 완화함으로써 중국 기업이 인수 합병을 쉽게 할 수 있도록 지지해준다.

  중국이 인수 합병으로 선진 기술을 습득하고 기업의 덩치를 키울 수 있었던 것은 미국과 유럽의 경기 하락과도 관련이 있다. 경제 불황으로 인해 매물로 쏟아져나온 기업을 구입할 만한 자금을 보유한 나라는 현재로써는 중국뿐이다. 중국은 세계 최대의 외화보유액을 바탕으로 막대한 현금을 동원할 힘이 있으며, 그 힘을 유감없이 쓰고 있다.

중국이 이처럼 왕성한 식욕을 보이며 사들인 기업은 중국 기업을 단숨에 세계 수준의 기업으로 끌어 올렸다. 이는 곧 중국 기업이 양적인 측면뿐 아니라 질적인 측면에서도 경쟁력을 가진다는 것을 의미한다. 더군다나 중국의 내수시장은 질 좋은 무기까지 장착한 자국 기업에 더 열려 있다.

중국 기업의 부상은 우리에게 위기감을 주지만 우리가 기회조차 잡지 못하게 하는 철통 같은 벽은 아니다. 오히려 새로운 경쟁과 함께 창출되는 새로운 시장이 더 많은 기회를 제공할 수도 있다.

**지만수**
한국금융연구원 연구위원

한편으로는 새로운 경쟁이 중국에서 계속 나타날 것이지만, 또 한편으로는 결국 새로운 시장이 중국에서 계속 창출될 것이고, 차세대 산업 시장이 창출될 것입니다. 더 좋은 제품으로 중국을 개척할 수 있지만 중국과 다른 제품, 중국과 차별화된 제품으로도 중국을 계속 개척할 수 있다는 두 가지 접근이 모두 필요합니다.

한 예로, 한국 기업 아모레 퍼시픽은 상하이에 연구소를 설립해 중국 여성의 피부 상태나 화장 습관 등을 조사하고 중국인에게 맞는 차별화된 제품을 개발하고 있다. 중국 출신의 석박사 연구원을 고용해 중국 시장 공략에 나서기도 했다. 아모레 퍼시픽은 상하이에 약 2만 8,000평 규모의 뷰티 사업장을 오픈했다. 중국 시장의 빠른 수요 증가에 대비해 대량생산 방식을 확보하기 위해서다.

중국 화장품 시장은 27조 원이나 되는 한국보다 세 배나 큰 시장

화장품 개발 연구소
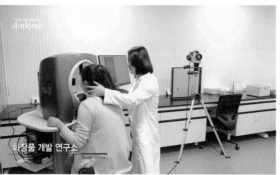
화장품 개발 연구소

**아모레 퍼시픽은 상하이에 연구소를 개설하여 중국인에게 맞는
차별화된 제품 개발이라는 적극적인 현지화 전략을 펼치고 있다.**

을 이미 보유하고 있으며, 최근 3년간 11%의 높은 성장률을 보이고 있다. 이는 늘어나는 소득과 함께 미용에 대한 관심이 높아진 중국인의 욕구가 화장품 수요로 나타나고 있음을 보여준다. 아모레 퍼시픽은 이 욕구를 읽고 고객의 니즈에 맞는 제품을 개발하고 있다. 철저한 시장 분석과 현지화 전략에 힘쓰는 것이다. 그 결과 아모레 퍼시픽은 중국에서 100여 개의 단독 매장을 운영하고 2014년에 중국 매출만 4,673억 원에 달하는 성과를 올렸다.

중국 화장품 시장은 세계에서 몰려드는 기업과의 경쟁이 치열하며 중국의 경제 환경이나 정책 변화에 대한 리스크도 높은 편이다. 그렇다고 포기할 수 없는 시장임은 분명하다. 이러한 경쟁에서 우리 기업이 살아남으려면 중국과 다른 제품, 중국과 차별화된 제품을 만들 필요가 있다.

**지만수**
한국금융연구원 연구위원

중산층 소비자는 고급품을 소비하지만 다양성을 추구합니다. 그러므로 한국 기업이 다양한 제품을 가까이서 제공하는 아주 유연한 주체가 된다면, 중국 시장의 성장을 끊임없이 활용할 수 있는 틀이 만들어질 거라고 생각합니다.

# PART 3

# 지구촌을 집어삼킨다,
# 차이나 머니 파워

# 차이나 머니는
## 왜 세계로 향하는가

자본주의의

최대 수혜자는 중국

　　　　　　　　　　　　시장경제에서 자본은 힘이자 역량
이다. 그런데 경제학에서 이 자본은 단지 돈만을 의미하지 않는다.
자본은 인구, 기술, 능력, 교육 등 비물질적 요소와 토지, 건물, 기계
같은 물질적 요소까지 포함한다. 중국은 물질적 자본은 물론이고 비
물질적 자본까지 장착한 힘을 지녔다. 물론 우리가 흔히 자본을 생각
할 때 떠올리는 금전 자본력 역시 막강하다.

　중국은 이 막강한 자본력으로 지구촌 곳곳에서 세계의 광물과 기
업, 부동산뿐 아니라 철도와 항구 같은 필수 사회간접자본까지 무차
별적으로 사들이고 있다. 아시아, 아프리카는 물론이고 유럽, 미국까

지 그들의 손길이 뻗치지 않은 곳이 없을 지경이다. 마치 세계 곳곳이 중국의 거대한 영향력 아래로 빨려 들어가는 것 같은 상황이다. 이를 두고《중국이 세계를 지배하면》의 저자 마틴 자크는 "2030년이 되면 중국 경제 규모가 미국 경제의 두 배가 될 것이며 세계 GDP의 3분의 1을 차지하게 될 것"이라는 전망을 내놓았다. 자본주의 경제를 도입한 지 단 35년밖에 되지 않은 중국은 어떻게 이처럼 강력한 자본을 가지게 되었을까?

초창기 중국의 개방 정책은 돌다리도 두드리고 건너는 조심스러움이 있었다. 사회주의 체제에서 자본주의 경제 체제를 도입할 때 발생하는 위험부담을 최소화하기 위해서였다. 중국의 개방 정책에서 가장 두드러진 특징은 1979년부터 1988년까지 5개의 경제특구를 순차적으로 세운 것이다. 경제특구는 기본적으로 자본주의 국가에서나 감행하는 것인데, 중국은 사회주의 체제임에도 경제특구를 지정하여 외국 자본을 끌어들였고 그곳에서 만든 물건을 다시 외국으로 수출하는 시스템을 취했다.

5개의 경제특구는 외국 자본을 끌어들이는 데 견인차 역할을 톡톡히 해냈을 뿐 아니라, 당시 중국의 경제력으로는 생산할 수 없는 상품을 만들어 수출로 이어지게 했고 외화벌이를 할 수 있는 기반을 만들었다. 이후 중국은 14개의 항구 도시를 개방하면서 외자 유치에 더 적극적인 자세를 보였으며 중국 전체의 개방을 이끌어냈다.

**중국의 외화보유액은 약 4조 달러로 세계 1위다.**

이처럼 단계적으로 개방하면서 중국 정부가 가장 주력을 기울인 점은 외자 유치와 수출 육성 정책이었다. 이 정책은 중국을 '세계의 공장'으로 변신시켰다. 세계 유수의 기업들이 자국의 노동자에게 비싼 임금을 지불하기보다 값싼 노동력을 찾아 중국으로 공장을 옮겨 왔다. 중국에서 생산된 제품은 세계 곳곳으로 퍼져나가며 '메이드 인 차이나'의 신화를 만들었다. 이에 따라 중국 정부는 엄청난 외화를 벌어들였다. 세계의 공장에서 세계의 시장으로 옮겨온 지금도 중국은 여전히 저렴한 인건비를 지속적으로 유지하고 있다. 저렴한 인건 비에 환율의 이점까지 누려 수출 증가에 전력을 다하기 위해서다. 현재 중국의 외화보유액은 약 4조 달러로 세계 최고를 기록하고 있다.

**차오허핑**
중국 베이징대학교 경제학과 교수

중국은 위안화 평가절하와 함께 값싼 노동력의 비교우위로 인해 수출이 늘어났습니다. 매년 경상수지 흑자를 기록하고 외화를 축적했죠. 외국 기업의 중국 투자는 자본수지의 유입으로 이어졌습니다. 자본수지와 경상수지가 쌍둥이 흑자를 이루면서 계속해서 외화가 축적되었습니다.

외화는 중국 정부와 국영기업인 금융기관들이 효율적으로 관리하고 있다. 특히 중앙은행인 중국인민은행과 중국국제금융유한공사가 외화의 보유와 운용을 담당한다.

중국의 저축률도 중국의 자금력을 높이는 데 일조했다. 중국의 가계저축률은 GDP의 50%를 넘어 세계에서 가장 높은 수준이다. 1인당 평균 예금 잔액이 약 525만 원 정도다. 한국의 가계저축률이 중국의 10분의 1에도 못 치는 4.5%에 불과하다는 점을 생각하면 중국의 저축률은 놀랄 만한 수치가 아닐 수 없다.

중국의 저축률이 높은 데는 두 가지 이유가 있다. 첫째는 중국 정부의 금융 통제다. 중국인의 국내 투자는 제한적이기 때문에 대부분 가지고 있는 돈을 은행에 저축하여 보관한다. 하지만 금리는 물가 상

중국, 인민은행

중국국제금융유한공사(CICC)

외화의 보유와 운용은 국가 주도하에 중앙은행인 중국인민은행과
중국국제금융유한공사가 담당한다.

승에 미치지 못할 정도로 매우 낮은 편이다. 둘째는 사회복지 제도가
전무하므로 거기서 오는 불안감 때문에 저축으로 모여드는 것이다.
노후 대책이나 의료 복지 등을 개인이 저축으로 준비하려는 성향을
보인다. 이렇게 모인 저축 자금은 중국 정부의 마르지 않는 돈줄이
다. 중국 정부는 13억 인구의 예금으로 국영기업을 통해 세계 곳곳
을 사들인다.

### 높은 수익을 좇아 세계로 향하는
### 차이나 머니

막대한 자금력으로 세계 곳곳의

자원, 부동산, 기업 등을 사들이는 것은 중국 정부뿐만이 아니다. 중국 기업이나 중국인 역시 투자처를 찾아 세계로 눈을 돌리고 있다. 차이나 머니가 유독 눈독을 들이는 것은 기업, 부동산, 자원이다.

미국발 금융위기 직후 유럽과 미국의 많은 기업이 시장으로 나오자 차이나 머니는 기다렸다는 듯 매물로 나온 기업을 사들이기 시작했다. 세계 최대 리조트 체인인 클럽메드는 중국 푸싱 그룹으로, 미국 최대 돼지고기 가공 업체인 스미스필드 푸드는 쐉후이 그룹으로 넘어갔다.

부동산 투자의 경우 미국 뉴욕이나 영국 런던 등 국제적인 대도시가 주요 대상이다. 뉴욕의 GM 타워나 런던의 로이드 빌딩도 이미 차이나 머니에 넘어간 상황이다. 차이나 머니의 급습으로 한국 제주도의 부동산 가격이 치솟았던 것처럼 세계 곳곳의 도시 부동산 가격이 큰 파도를 만난 것처럼 출렁거린다. 반면 개발도상국으로 향하는 차이나 머니는 에너지와 자원 투자에 집중된다.

거의 모든 대륙, 모든 나라의 도시나 지방까지 흘러들어 간 차이나 머니는 제국주의 시대의 군대처럼 세계를 점령하다시피 하고 있다. 중국 상공부에서 발표한 자료에 따르면 2014년에 해외에 투자된 차이나 머니는 약 150조 원에 달한다. 이는 세계 최고의 외화보유액을 가지고 있으며 막대한 자본력을 장착한 중국이기 때문에 가능한 일이다.

**왕중추**
중국 칭화대학교 명예교수

금융위기 이후 서방 국가들의 가치는 하락했지만 중국은 경제위기
의 영향이 뚜렷하지 않았습니다. 중국인들은 지금이 상대적으로 가
격이 내려간 자산을 구매하기 좋은 때라고 생각했죠. 주식 가격이
가치에 비해 낮을 때 매입하는 것처럼 매우 이성적인 판단입니다.

차이나 머니의 공격적인 진격은 중국 국내의 사정과 밀접한 관련
이 있다. 중국은 정부의 규제로 투자 기회가 제한적이다. 중국 내 은
행에 저축을 해도 거의 제로에 가까운 금리만 받을 수 있다. 이 때문
에 중국 기업이나 투자자는 큰돈을 벌 수 있는 해외 투자로 눈을 돌
릴 수밖에 없다. 중국 정부 역시 '해외 투자 국가별 산업지도 목록'까
지 만들어 전략적으로 해외 투자를 독려한다.

민영기업이 늘어난 것도 한몫했다. 시장 개방 전 중국은 사회주의
국가답게 기업 대부분이 국영이었다. 하지만 눈부시게 경제가 성장
하면서 민영기업이 기하급수로 늘어났다. 중국의 경제성장과 함께
성장한 기업들은 막대한 자금력을 가지고 '기업 사냥꾼'으로 세계
곳곳에 진출하고 있다.

**웨이샹둥**
중국 링난대학교 경제학과 교수

중국 내에서는 국가의 규제 때문에 투자 기회가 제한적이어서 투자자들이 높은 이익을 얻을 수 없습니다. 그래서 높은 이익을 얻기 위해 필사적으로 외국으로 나가는 겁니다.

한국도 예외는 아니다. 차이나 머니는 제주도뿐 아니라 부산 해운대에도 손길을 뻗치기 시작했다. 2018년에 해운대에 들어설 101층짜리 관광 리조트는 중국 최대의 국영 건설회사가 시공하기로 했으며, 분양도 중국인이 우선 대상이다. 이뿐만 아니라 동부산 관광단지에 있는 고급 콘도도 국내보다 중국에서 먼저 분양이 시작되었다.

이처럼 막대한 자금력으로 세계 곳곳의 부동산, 자원, 기술 등을 사들이는 차이나 머니는 세계인에게 긴장감을 불러일으킨다. 제주도의 사례처럼 차이나 머니가 들어선 지역은 중국인을 중심으로 판도가 바뀌고 있다. 부동산 가격이 치솟거나 전망이 좋거나 목 좋은 자리는 중국 기업 또는 중국인의 차지가 된다. 차이나 머니가 투자되기를 원하는 정부나 지역 정부는 중국의 눈치를 보는 상황도 벌어진다.

자본주의 시장경제에서 힘의 분배는 자본에 의해 결정된다. 차이나 머니가 지금보다 더 큰 보폭으로 한국에 들어설 때 경제는 물론

차이나 머니는 세계 곳곳의 자원, 부동산, 기업을 닥치는 대로 사들이고 있다.

이고 사회의 판도에 어떤 영향을 미칠지는 상상할 수조차 없다. 실제로 지금도 차이나 머니는 한국 온라인 게임 시장, 의료업계 시장에 손을 뻗치고 있다. 막대한 자본과 거대한 유통망을 가지고 있지만 기술, 디자인, 상품 기획력이 부족한 중국 기업에 한국의 온라인 게임 시장이나 의료업계 시장은 달콤한 유혹이 아닐 수 없다. 그뿐만 아니라 한국 금융계에도 관심을 기울이고 있다. 중국공상은행은 우리은행 매각에 관심이 있으며, 푸싱 그룹은 LIG 인수를 적극적으로 검토하는 상황이다.

사회 문화 모든 분야에서 차이나 머니의 기습이 눈에 띈다. 이 때문에 우리는 세계, 특히 한국에 눈을 돌리는 차이나 머니에 어떻게 대응할 것인지 고민이 깊어질 수밖에 없다.

# 미국 경제를 뒷받침하고 있는
# 차이나 머니의 힘

## 미국 금융 시장 붕괴 여부는
## 중국에 달려 있다

인류 역사상 가장 강성한 나라 중 하나로 로마제국이 있다. 로마는 하루아침에 이루어지지 않았으며 모든 길은 로마로 통할 정도로 고대 서양에 강력한 힘을 발휘했다. 오늘날 미국은 수년 전만 해도 우리에게 로마 같은 나라였다. 군사적, 경제적으로 막강한 힘을 발휘하며 세계정세를 장악하다시피 했기에 모든 길은 미국을 통해야 했다. 고대인이 로마의 멸망을 상상조차 할 수 없었던 것처럼 미국 역시 영원히 세계 제왕의 자리를 지키고 있을 것만 같았다. 그런데 2008년 미국의 금융위기는 미국뿐 아니라 세계 경제를 나락으로 떨어트렸고, 세계는 미국 경제의 붕괴를

중국이 미국에 값싼 제품을 수출하면

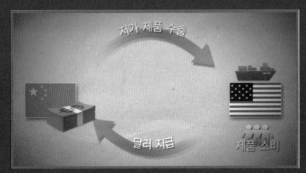

미국 소비자는 걱정 없이 소비를 하고 미국은 달러를 지불했다.

중국은 미국 국채를 매입하면서 다시 미국에 돈을 빌려주고

미국은 그 돈으로 다시 소비를 하여 경제성장이 가능해졌다.

걱정했다. 미국 경제는 단지 미국의 문제로 끝나지 않고 도미노처럼 전 세계로 영향이 퍼져나가기 때문이다.

최근 미국 경제는 빠르게 회복되는 추세다. 무역과 재정에서 엄청난 규모의 쌍둥이 적자를 오랫동안 기록해온 미국이지만 여전히 경제 패권을 유지하고 있다. 금융위기 이후 침체되었던 미국의 부동산 시장도 다시 살아나는 추세다. 호흡 곤란을 겪고 있는 미국 경제에 산소를 공급한 것은 중국이다.

중국은 그동안 미국에 값싼 제품을 수출해왔다. 덕분에 미국인은 경제 불황에도 불구하고 걱정 없이 소비할 수 있었다. 반면 중국은 미국에서 판매한 수익금으로 미국 국채를 사면서 다시 미국에 돈을 빌려주었다. 결국 미국은 다시 소비를 하고 경제성장이 가능해졌다.

**스티븐 로치**
미국 예일대학교 경영대학원 교수

중국이 미국 국채를 매입하지 않았다면 미국 금리는 더 높았을 겁니다. 달러는 약세였을 것이고 물가는 높았을 겁니다. 중국은 대규모 적자 상태에 있는 미국이 성장할 수 있도록 도움을 주고 있습니다.

## 차이나 머니는
## 왜 미국을 돕고 있나

　　뉴욕이나 LA 같은 대도시의 집값이 경제위기 이전의 수준을 회복하는 데는 중국인의 투자가 큰 영향을 미쳤다. 2014년 미국 전체 주택 구입 자금 중에서 4분의 1이 차이나 머니였다. 미국의 부동산 침체도 중국인 덕분에 회복된 것이다. 미국 경제를 붕괴 직전까지 몰고 갔던 2008년 금융위기 당시에도 중국은 미국 경제를 지탱하는 역할을 했다. 추가로 미국 국채를 매입해 돈줄을 풀고 경제위기의 확산을 막아냈다. 그래서 미국 정부는 차이나 머니를 반겼다.

　이는 중앙 지원이 줄어들면서 재정이 악화된 미국의 지방 도시도 마찬가지다. 재정이 열악한 지방 자치단체는 고용 창출과 경제적 파

**2014년 미국 주택 구입 자금 중 4분의 1이 차이나 머니였다.**

급 효과 때문에 돈 많은 중국 기업의 투자가 절실한 상황이다. 이러한 이유로 차이나 머니를 끌어오기 위한 미국 도시 간의 경쟁이 정말 치열하다. 일리노이 주 북부에 있는 공업도시인 록퍼드의 시장은 완샹 그룹의 투자를 끌어오기 위해 중국어를 잘하는 직원을 채용하고 본사가 있는 중국 항저우를 네 번이나 방문했다. 그는 한자로 된 명함을 만드는 성의까지 보였다.

**로렌스 모리시**
미국 일리노이 주 록버드 시상

완샹 그룹의 공장을 록퍼드로 가져오기 위해 미국 내 다른 도시와 경쟁해서 승리했는데, 제가 완샹 그룹의 루 회장님을 직접 만나 뵌 것이 중요하게 작용했습니다. 완샹 그룹은 태양열 에너지부터 전통 제조업까지 많은 분야의 일자리를 만들어냈죠. 완샹 그룹과 협력 관계를 맺은 것이 정말로 기쁘고 영광스럽습니다.

록퍼드 시장이 "영광스럽다"고까지 표현한 이유는 중국 기업의 투자가 록퍼드 사람들에게 많은 일자리를 제공했으며 지역 경제에도 큰 영향을 미쳤기 때문이다. 완샹 그룹은 폐업하는 미국 회사를 인수한 후에도 기존의 경영진은 그대로 두고 자본만 투입해 운영하는 방식을

재정 지원이 줄어든 미국 지방 도시들은 중국 기업의 투자 유치에 적극적이다.

고수했다. 고용 승계로 인해 인수와 동시에 해고되는 사람이 많지 않았다. 록퍼드 시장의 입장에서는 바람직한 투자였음이 분명하다.

그런데 차이나 머니가 미국의 경제를 돕는 이유는 무엇일까? 중국은 이미 구매력을 기준으로 한 경제 규모에서 미국을 넘어섰으며, 미국이 누리고 있는 경제 패권국의 지위도 서서히 바뀌고 있다. 중국은 미국 국채를 사들이는 데 전력을 다했다. 그 결과 중국의 미국 국채 보유 규모는 2014년 12월 말 기준으로 1,364조 원에 육박한다. 중국은 미국 국채를 세계에서 가장 많이 보유한 나라다. 다시 말하면, 미국은 중국에 가장 큰 빚을 지고 있는 셈이다. 이런 이유로 미국은 종종 중국의 압박에 시달려야 했다. 미국과의 무역이나 외교에서 마찰이 생길 때마다 중국 정부는 국채를 처분하겠다는 말로 위기감을 조성했다.

하지만 중국은 미국 국채를 쉽게 포기하지 못할 공산이 크다. 미국 국채만큼 안전한 투자처도 없기 때문이다. 중국의 외화보유액을 구성하는 자산 중 달러는 75%에 이르며, 그중 3분의 1이 미국 국채 보유액이다. 이처럼 덩치가 큰 액수의 돈을 처분해도 중국의 입장에서는 달리 투자할 대상도 없다. 일본과 스위스는 자국 금융 시장에 중국 돈이 들어오는 것을 원하지 않으며 유럽의 채권 시장 규모는 상당히 작다.

또한 미국 국채를 매도하면 미국 국채 가격의 하락으로 이어지고 이것은 곧 중국이 보유한 자산 가치를 하락시키는 결과로 이어질 위험이 있다. 차이나 머니가 표면상으로는 미국 경제를 돕는 것처럼 보이지만, 그 이면을 살펴보면 중국으로서도 별다른 선택권이 없는 셈이다. 따라서 미국과 중국은 악어와 악어새처럼 서로를 견제하면서도 도움을 주고받는 관계다.

**배리 아이켄그린**
미국 UC 버클리 경제학과 교수

만약 중국이 미국 국채 전부를 한 번에 매각한다면 미국 금융 시장이 붕괴될 수도 있습니다. 중국이 보유하고 있는 미국 국채가 미사일처럼 서로를 파괴하는 무기가 될 수 있죠. 이해관계 때문에 실제로

**미국은 가장 많은 미국 국채를 가진 중국에 가장 큰 빚을 지고 있다.**

발사하지는 않지만 문제가 생길 수 있는 위험이 항상 존재합니다.

이 같은 상황에서 미국은 중국 기업에 많은 혜택을 주고 있다. 중국 기업이 미국에 현지 법인을 설립해 제품을 생산하면 높은 관세의 장벽을 피할 수 있는 것이 그중 하나다. 이는 곧 가격 경쟁력으로 이어져 중국 제품의 판매를 유리하게 한다. 또한 미국 지방 정부로부터 토지를 제공받거나 법인세 같은 세금을 면제받을 수도 있다. 중국으로서는 미국을 중요한 투자처로 받아들이지 않을 이유가 없다.

# 세계 자원이 있는 곳에는
# 차이나 머니가 있다

———
### 그들이 잠비아의 폐광에
### 눈독을 들인 이유

차이나 머니의 활약이 특히 눈에 띄는 지역은 아프리카다. 아프리카의 많은 나라는 다양하고 풍부한 자원을 보유하고 있지만 그 자원을 개발할 만한 자금과 기술, 전문 인력은 부족한 상황이다. 그래서 중국은 아프리카의 각 나라에 도로나 철도, 학교, 병원 등 사회 기반시설을 지어주고 대신 자원을 챙겨 간다.

이러한 사례로 대표적인 나라 가운데 잠비아가 있다. 잠비아는 남부 아프리카에 있으며 1인당 GDP가 187만 원 정도에 불과한 가난한 나라다. 그런데 2014년에 세계에서 가장 오염된 도시 10곳 중 하나로 잠비아의 한 도시가 선택되었다. 이 도시는 세계적인 구리 원산지로 유명한 카브웨다. 구리 광산을 무분별하게 개발하면서 카브웨의 토양과 물이 중금속에 오염되었고, 그곳에 둥지를 틀고 사는 사람들 역시 서서히 중금속에 중독되어가고 있다.

잠비아에는 카브웨 같은 도시가 한둘이 아니다. 많은 나라가 잠비아의 광산 발굴, 광산과 가공시설 개발, 낙후된 광산과 가공시설 재정비에 뛰어들었다.

**독타우스왓 콤베물레**
잠비아 국민경제자문회의 위원

우리는 중국의 투자를 아주 중요하게 생각합니다. 중국은 현재 광산 분야에 가장 많이 투자하는 나라 중 하나입니다.

중국의 국영회사는 10년 전 북부 도시 참비 시에 있는 구리 광산의 채굴권을 사들였다. 참비 시의 구리 광산은 잠비아 정부가 운영하다 폐광했던 곳인데, 이곳에 매장된 구리는 500만 톤에 이른다. 중국은 이 구리를 모두 가져가는 대신 잠비아 정부에 약간의 세금만 내면 된다. 광산 한쪽에는 큰 화학 공장도 지었다. 광산에서 캐낸 암석 덩어리를 부수고 불순물을 걸러 순도 높은 구리만 뽑아내기 위해서

전략 광물인 구리를 확보하기 위해 중국은 잠비아 광산을 사들였다.

다. 이는 중국으로 가는 운반비를 절약하는 데도 효과적이다.

　광산 채굴권과 화학 공장 건설비, 운반비 등의 큰 비용을 지불하면 서까지 중국이 구리에 연연하는 이유는 구리가 전자제품을 만드는 데 핵심 재료로 쓰이기 때문이다. 구리는 산성에 견디는 힘이 있으 며 화학적으로도 안정적이다. 전성, 연성이 풍부해 열과 전기의 전도 율도 좋다. 그래서 전자제품 재료로 안성맞춤이다. 전자제품의 수출 로 먹고사는 중국에 구리는 전략 광물이다. 전자제품의 수요량은 중 국 내수시장에서도 지속적인 증가 추세를 보인다. 따라서 중국 입장 에서는 되도록 많은 구리를 확보할 필요가 있으며, 원자재를 직접 공 급해 가격을 낮추는 것이 유리하다. 이 같은 이유로 중국은 잠비아뿐 아니라 20개국의 대규모 광산에 투자를 아끼지 않는다.

## 페루 광산의
## 무차별적 매입

　　　　　　　　세계에서 구리를 가장 많이 소비 하는 중국은 잠비아의 구리 광산뿐 아니라 페루의 구리 광산 매입에 도 공을 들인다. 페루에 매장된 구리는 6,300만 톤으로 1억 6,000만 톤의 매장량을 보유한 칠레에 이어 세계 2위다. 구리를 전략 광물로 생각하는 중국의 입장에서는 과히 매력적인 나라가 아닐 수 없다.

중국의 국영기업 치날코는 해발 5,000m 고산지대에 있는 광산의 30년 채굴권을 3조 3,000억 원에 사들였다. 이 광산은 전체 광물 매장량이 20억 톤에 달하는 세계 최대의 복합 광산인데, 구리가 주된 광물이지만 납과 은도 많이 묻혀 있다. 지하 깊숙이 땅을 팔 필요 없이 그냥 긁어내기만 하면 되기 때문에 채굴에 드는 비용을 상당히 절약할 수 있는, 그야말로 보석 같은 광산이다.

**과르탈 산체스**
페루 광산청 광업진흥국장

중국이 투자하는 주요 광물로는 구리와 철이 있으며, 최근에는 복합 금속 광산에도 투자합니다. 여기에는 철이나 구리, 몰리브덴뿐 아니라 납, 은, 아연도 있습니다.

중국이 사들인 광산은 이뿐이 아니다. 약 20조 원을 투자해 페루 전역의 광산을 무차별적으로 사들이고 있다. 중국이 주로 투자하는 광물은 공산품을 만들 때 많이 들어가는 구리와 철이다. 그런데 중국 기업이 광산을 매입하는 과정은 여느 나라의 기업과는 다르다. 중국 정부가 자원 외교를 통해 협상하면 광산 전문 국영업체가 광산 개발을 하는 식이다. 이때 드는 막대한 비용은 중국의 국유기업인 은행에

중국자본의 페루 광산매입 2014년 현재

구리 15억달러
구리,금,은 25억달러
구리 35억달러
철 12억달러
구리,아연 2억3천9백만달러
구리 58억5천만달러
철 12억8천만달러

**페루 전역의 광산들이 중국 자본에 넘어간 상태다.**

서 공급한다.

**신을범**
한국광물자원공사 페루 사무소장

지금 중국은 자원을 확보하기 위해 혈안이 돼 있습니다. 우리는 가급적이면 저렴한 가격으로 구매하고자 하는데, 중국은 필요하다면 두세 배라도 내고 사겠다는 의지가 있거든요. 그래서 한국뿐 아니라 다른 서방 국가도 중국을 상당히 경계합니다.

페루는 산악 국가로 풍부한 자원을 보유하고 있다. 하지만 페루 정부는 지하자원을 채굴할 만한 자본을 가지고 있지 못하다. 그래서 대부분 자원은 해외 기업이 광산을 구입해 채굴해서 가져가는 실정이다. 대신 페루는 국가 산업의 70%를 지하자원 수출이나 관련 산업을 통해 이윤을 남긴다.

## 이것이 바로
## 자원 외교다

중국 정부가 자원을 보는 시각은 명확하다.

"에너지는 국가다."

자원이야말로 그 나라의 현재는 물론 미래까지 결정짓는 국력이라 여긴다. 중국은 어마어마한 인구에 비례해 에너지 소비도 급증하고 있는 실정이라 에너지에 대한 요구가 그 어느 때보다 절실하다. 에너지를 국력으로 보는 것은 중국 정부만의 일은 아니다. 대부분 나라에서 자원이 곧 국력이라는 사실을 충분히 인지하고 있으며, 세계는 이미 총성 없는 자원 확보 전쟁이 한창이다. 문제는 이 전쟁에서 승리하기 위해 자원 외교에 얼마나 많이 투자하는가에 있다. 이런 측면에서 보자면, 중국의 행보는 특히 두드러진다.

중국 정부의 자원 외교는 대단히 공격적이며 물량 공세 또한 상상을 뛰어넘는다. 대표적인 예가 아프리카의 유전 구입에서 보이는 중국의 행보다. 중국은 다른 나라와 달리 유전을 찾기도 전에 먼저 초기 개발 비용부터 부담해버린다. 석유가 나오든 나오지 않든 일단 석유 채굴을 전제로 석유 구입 비용을 지불한다. 다른 나라의 기업이 계산기를 두드리며 석유 채굴권을 구입함으로써 얻는 이익과 손해를 계산하는 동안 중국은 발 빠르게 움직여 일단 확보부터 해버린다. 다른 기업은 중국의 이 같은 속도전을 따라잡을 수 없다.

　더군다나 중국은 에너지 자급률 또한 높은 편이다. 중국의 석탄 매

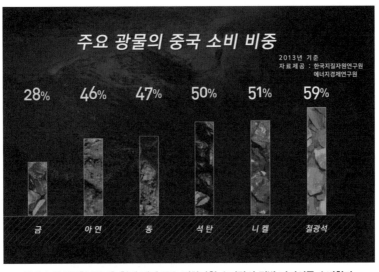

**주요 광물의 중국 소비 비중**

2013년 기준
자료제공 : 한국지질자원연구원
에너지경제연구원

| 28% | 46% | 47% | 50% | 51% | 59% |
|-----|-----|-----|-----|-----|-----|
| 금 | 아연 | 동 | 석탄 | 니켈 | 철광석 |

**경제가 급성장한 중국은 현재 세계 주요 지하자원 소비량의 절반 가까이를 소비한다.**

장량은 세계 매장량의 절반 이상으로 90% 이상의 자급률을 보인다. 또한 석유 매장 국가이기도 하면서 다른 나라에 없는 희귀자원을 많이 보유하고 있다. 그런데도 막강한 자본력을 동원하여 아시아, 중동, 아프리카의 자원을 확보함으로써 세계 주요 자원의 절반이 이미 중국 손안에 들어가 있다. 하지만 중국은 여기에서 멈추지 않는다. 더 많은 자원을 확보하기 위해 '밀실 외교'라고 불리는 물밑 작업을 세계 곳곳에서 진행하고 있다.

앞으로 세계는 자원을 보유한 국가와 그렇지 못한 국가의 빈부격차가 심화될 것이다. 지구 상의 자원은 한정되어 있지만 모든 국가는 많은 양의 자원이 필요하다. 이는 필연적으로 자원을 보유하지 못한 국가가 자원을 보유한 국가에 종속될 확률을 높인다. 이 때문에 자원확보는 국가안보 측면에서도 대단히 중요한 문제다. 하지만 한국은 자원 외교의 후발 주자에 불과하다. 현재 한국 기업도 아프리카에 진출하고 있으나, 정부 차원에서 협력을 맺어 투자 환경을 조성해주는 중국 기업과의 경쟁에서 한계를 보이고 있다. 한국이 경쟁에서 살아남으려면 정부의 자원 외교가 좀 더 활발해져야 하며 민과 관의 협력 체제가 구축되어야 한다.

**배리 아이켄그린**
미국 UC 버클리 경제학과 교수

중국 경제가 호황이어서 많은 광물이 필요해지면 세계의 광물 가격이 오르게 됩니다. 반면 중국의 성장이 둔화되면 상품 가격도 하락합니다. 하지만 이것은 시장 조작이 아닙니다. 그저 경제 대국이 세계 시장 가격에 영향을 미치는 겁니다. 중국이 하는 일이고 미국도 하는 일이죠. 하지만 어떤 경우에는 시장 조작을 우려하고 경계하면서 중국이 그런 행위에 관여하는지 감지해야 합니다. 시장 조작이 발생하면 국제 사회가 필요한 조치를 취해야 합니다.

## 중국 자본의
## 씁쓸한 뒷모습

2013년 3월 중국의 국가주석 시진핑은 아프리카를 방문해 2015년까지 약 22조 원의 차관을 제공하고, 아프리카에서 3만 명의 인재를 육성하기 위해 1만 8,000명에게 장학금을 주겠다고 약속했다. 하지만 그 대가로 어떤 정치적 조건도 붙이지 않았으며 아프리카의 자주를 존중한다는 뜻을 강력하게 밝혔다. 시진핑의 이 같은 행보는 아프리카에서 벌어지고 있는 반중국 정서를 의식해서 나온 것이다.

아프리카로 향한 차이나 머니는 아프리카의 기반시설을 만드는 데 적극적이었다. 케냐 몸바사와 나이로비를 잇는 철도를 건설하는 데만 약 4조 4,000억 원의 비용을 쓰기도 했다. 눈에 띄게 탈바꿈하는 기반시설의 건설은 중국 자본이 아프리카에 긍정적인 영향을 끼친 것처럼 보이는 것이 일면 사실이다. 확실히 중국의 투자는 아프리카 여러 나라에 경제적 성장을 안겨주었다. 특히 자국의 구리 광산을 중국에 거의 통째로 넘기다시피 한 잠비아는 매년 상당한 경제성장을 이루는 쾌거를 보였다. 그럼에도 중국에 대한 잠비아의 인식은 상당히 부정적이다. 아프리카에 진출한 중국 기업이 노동 착취, 인종차별 등의 문제를 비일비재하게 일으켰기 때문이다.

우리가 기억할 것은 자본은 단지 선의에 의해 움직이지 않는다는 점이다. 특히 국가 차원에서 움직이는 자본은 거의 계산속이 따른다. 하나를 주는 대신 둘을 받거나 셋을 요구하고, 자본의 힘으로 정치적 관계에서도 우위를 점한다. 잠비아의 광산에서 잠비아 노동자들이 중국인에게 살해당하는 일이 몇 번이나 발생했지만, 잠비아 정부는 중국의 눈치를 보느라 사건을 무마시키는 데 급급했다.

중국 자본의 유입과 함께 중국인과 갈등을 겪는 일은 비단 아프리카에 국한된 것이 아니다. 중국의 국영기업 치날코가 한창 개발 중인 페루 광산 바로 아래에 있는 모로코차라는 마을에서도 중국과의 갈등이 심화되고 있다.

치날코는 이 일대의 광산을 모두 사들이며 주민들을 고용 승계하겠다고 약속했다. 하지만 치날코는 이 약속을 지키지 않았다. 광산에서 일하며 생계를 유지해왔던 지역 주민을 배제하고 외부 광부를 고용하기 시작했다. 이로 인해 마을의 운명은 바람 앞의 등불처럼 사그

광산 개발이 중국 기업의 손에 넘어간 페루의 모로코차 마을은
주민들이 일자리를 빼앗기고 마을에서 쫓겨났다.

라질 위험에 처했다. 일자리를 잃은 사람들은 생존권을 침해당했지만 페루 정부는 오히려 공권력을 동원해 강제 이주 정책으로 주민을 마을에서 쫓아냈다. 1만 5,000명이 살던 마을은 이제 몇몇 주민만이 지키고 있다. 광부 일 외에는 별다른 기술이 없어 마땅한 생계 대책도 없는 사람들이 끝까지 마을을 지키고 있는 것이다.

모로코차 마을은 현지 주민과 더불어 살기보다 이익만을 추구하는 중국 자본의 뒷모습을 보여주는 씁쓸한 사례 가운데 하나에 불과하다.

풍부한 자금 동원력, 싼 이자, 자금을 지원할 때 내정에는 간섭하지 않는다는 중국 정부의 원칙은 아프리카, 중남미의 여러 나라에서 환영받고 있으며, 차이나 머니를 유치하기 위해 각종 노력을 기울이게 한다. 하지만 막상 뚜껑을 열어보면 각 나라 정부 고위 관료의 배를 채웠을지는 모르나 그 나라의 국민들에게서는 일자리를 빼앗거나 차별을 일삼는 문제를 발생시키기도 한다. 이는 중국이 풀어가야 할 과제이기도 하다. 지역 주민과의 갈등은 결국 그곳에 들어선 중국 정부나 기업에도 여러 난관을 만드는 부메랑으로 돌아갈 것이기 때문이다.

# 유럽의 물류를 장악한
# 차이나 머니

**아테네 항을 이용하면**
**중국으로 돈이 흘러간다**

중국 자본은 아시아와 아프리카를 넘어 유럽의 많은 나라에까지 손길을 뻗쳤다. 그리스 아테네는 유럽 여러 나라 가운데 중국 자본이 가장 많이 흘러들어 간 곳 중 하나다. 그리스는 유럽과 중동을 잇는 지정학적 위치 때문에 경제 대국의 관심권 안에 있다. 특히 아테네는 지중해 물류의 중심지다. 아테네를 거점으로 확보할 경우 물류 운송 산업, 해운 산업 등에서 우위를 점할 수 있다.

중국의 최대 수출 시장은 유럽이다. 수출 화물은 배에 실려 수에즈 운하를 거쳐 아테네 항으로 운반된다. 이 때문에 중국은 유럽에서 손꼽히는 컨테이너 부두를 보유하고 있는 아테네에 눈독을 들인다. 실제로 아테네 항에 있는 3개의 부두 중 2곳은 이미 중국의 국영 해운회사인 코스코가 운영 중이다. 코스코는 그리스가 재정위기에 처했던 2009년, 4조 원을 투자해 35년간 부두를 운영할 수 있는 권리를 샀다.

**파나그오티스 페트라키스**
그리스 아테네대학교 경제학과 교수

그리스의 한쪽에는 유럽이 있고 다른 쪽에는 아프리카가 있습니다. 아테네 항을 거점으로 삼으면 고품질 제품을 원하는 선진화된 유럽 시장을 공략할 수 있고, 저가의 제품을 팔 수 있는 아프리카 시장도 확보하게 됩니다.

아테네 항이 중국에 주는 이익은 유럽과의 무역에만 국한되는 것이 아니다. 아테네 항은 유럽과 중동, 아프리카의 가운데에 있다. 중동과 아프리카까지 활발하게 손길을 뻗고 있는 중국은 큰 이익을 얻을 수 있다. 하지만 중국의 국영기업 코스코는 아테네 항의 화물 부두 구입으로 만족하지 않았다. 아테네 항에서 체코 프라하까지 가는 화물 열차 운영권도 그리스 정부에 8,000억 원을 지불하고 넘겨받았

**아테네항 화물 부두**

아테네 항에 있는 3개의 화물 부두 중 2곳의 운영권이 중국 기업에 넘어갔다.

다. 이로써 중국은 중부와 북부 유럽으로 가는 수출 화물을 마음대로 보낼 수 있는 육로까지 확보했다. 해상으로 돌아서 가는 것보다 시간과 비용을 획기적으로 절약하게 된 것이다.

**니코스 아나물로글루**
그리스 금융분석가

중국은 아테네 항을 중국 제품이 유럽 국가로 가는 물류의 중심지로 만들려고 합니다. 아테네 항은 중국 제품이 유럽 전역에 유통되도록

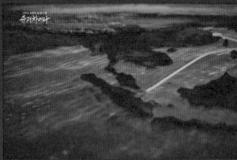

유럽으로 가는 중국의 수출 화물은 수에즈 운하를 거쳐

중국이 운영하고 있는 아테네 항에 도착하고

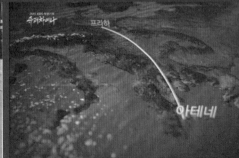

아테네 항에 도착한 화물은 중국이 운영하는 화물 열차로 프라하까지 간다.

아테네 항은 유럽 전역에 중국 제품을 공급하는 중심지 역할을 하고 있다.

도장을 찍어주는 역할을 할 겁니다. 화물 열차를 이용하면 최종 목적지에 해상 운송보다 7~8일 일찍 도착하고 운반비도 20% 절약됩니다. 이것은 아주 중요한 진보입니다.

반면 중국 외의 국적을 가진 기업은 아테네 항을 이용하면서 그 이용료를 중국 정부와 중국 기업의 주머니에 넣어주는 상황이 되었다. 세계화로 인해 시장은 국적이나 영토와 상관없이 자유롭게 거래하는 것이 당연시되어왔지만 철도, 항구, 공항 등 사회 기반시설은 기업의 이윤보다 국민의 편의를 목적으로 하기에 외국 기업의 사유화를 지양하는 편이다. 하지만 그리스 정부는 국유기업을 팔아 치우고 있으며 이 때문에 나라를 통째로 판다는 비판이 일고 있다.

## 그리스는 왜 국유기업을 중국에 팔고 있나

그리스 정부는 지중해 물류의 중심지인 아테네 항의 부두, 유럽의 육로를 잇는 화물 열차의 운영권에 이어 지중해 최고의 경관을 자랑하며 가장 비싼 지역에 해당하는 아테네 공항 부지도 팔아버렸다. 중국 자본이 운영하는 개발회사는 그리스 민영화 기구에 10년 안에 그 금액을 지불하는 조건으로 약 1조

2,000억 원에 공항 부지를 매입했는데, 현지에서는 이를 두고 매각한 것이 아니라 개발회사에 거의 공짜로 넘겨준 셈이라고 비판한다.

그리스의 국유기업 판매는 여기서 끝나지 않는다. 2004년 아테네 올림픽을 준비하며 지은 경기장 역시 중국 부동산 개발 업체가 최대 주주다. 2016년에 철거되는 이 경기장에는 호텔과 수족관, 쇼핑센터를 갖춘 그리스 최대의 위락단지가 들어설 예정이다.

2014년 여름, 중국 경제의 사령탑 리커창 총리가 그리스를 찾았다. 그는 그리스의 국유기업을 사들이고 협력을 강화하는 내용의 14가지 항목에 대해 그리스 정부와 합의했다. 이 합의를 통해 중국은 경제적 가치의 하락으로 가격이 내려간 그리스의 자산을 싼 가격에 구입하고 어마어마한 차익을 남길 수 있게 되었다. 그런데 그리스는 왜 많은 국유기업을 중국에 팔고 있을까?

**스티븐 로치**
미국 예일대학교 경영대학원 교수

유럽 재정위기가 아직도 진행 중인 상황에서 그리스의 자산은 아주 저렴합니다. 여느 투자자처럼 가격 하락이 과장됐다고 느끼면 저가 매수를 하는 것이죠. 제가 볼 때 더 중요한 점은 유럽이 중국 상품의 매우 중요한 수요처라는 겁니다. 중국 경제가 유럽과 긴밀한 관계임

을 고려할 때 중국 지도부는 유럽 채무위기의 악화를 막기 위해 의
도적으로 유럽의 자산을 매입하는 측면도 있습니다.

그리스는 찬란한 문화유산 덕에 관광산업이 발전했으며 무역이나
해운업에서 두각을 나타냈던 나라다. 하지만 다른 산업의 성장은 비
교적 더딘 편이다. 1980년대부터 심각한 경제 문제에 시달렸으며 유
럽연합에서 구제 금융을 지원받기도 했지만 공공 부분의 비효율성
과 지나친 지출로 국공채는 계속 늘어나기만 했다. 결국 2009년에
과도한 재정 적자와 정부 부채로 국가 부도 사태까지 갔다. 2008년
미국발 금융위기도 그리스 경제위기에 한몫 거들었으나 재정을 방
만하게 운영해온 탓이 더 컸다.

이때 구원투수로 등장한 나라가 중국이다. 중국은 최고 위험 등급

테네 국제공항

아테네항 여객선 부두

**재정위기에서 벗어나기 위해 그리스 정부는 국유 자산 매각에 사활을 걸고 있다.**

까지 올라간 유럽 국가의 국채를 대거 사들이며 돈다발을 풀기 시작했다. 재정 악화로 돈 가뭄에 시달리던 유럽은 중국의 지원 덕분에 살아났는데 그리스 또한 마찬가지였다.

**데이비드 달러**
브루킹스 연구소 선임연구원

중국은 유럽의 채권도 사놓은 상태인데 대부분은 투자 위험이 높은 등급입니다. 대신 수익률이 높으니 투자를 목적으로 하는 것이죠. 그래서 중국이 유럽에 도움을 준다고는 생각하지 않습니다. 유럽 채권을 사는 것은 중국의 이익과 결부되는 것이니까요.

그리스는 재정위기에서 벗어나고자 국유 자산 매각에 사활을 걸었다. 심지어 아테네 국제공항과 아테네 항 여객선 부두도 매물 목록에 포함되어 있다. 아테네 국제공항은 한해 1,500만 명이 찾으며 매년 흑자를 기록하는 알짜배기 공기업이다. 아테네 항 여객선 부두는 대형 유람선이 많이 다니는 곳으로 유럽의 여러 나라를 잇는 구심점 역할을 한다.

그런데 이렇게 중요한 자산이 아주 저렴한 가격에 나와도 유럽의 다른 국가들은 구입할 엄두조차 내지 못한다. 규모가 큰 매물인 만큼 지불해야 하는 가격이 만만치 않아서다. 아직 경제위기가 가시지 않은 유럽 시장에서 그리스의 국유 자산은 그림의 떡이다. 엄청난 자본력을 보유한 중국만이 매수자로 나설 수 있다. 그리스 정부는 중국에 경제 사절단을 보내 투자설명회를 여는 데 노력을 기울이고, 중국 정부는 그리스를 통해 유럽 진출의 교두보를 마련하려 한다.

# 돈으로 사들이는
# 브랜드 가치

---

### 와인 생산자로 변신한
### 중국 기업들

샌프란시스코에서 차로 한 시간을 달리면 세계적인 와인 생산지 나파밸리가 나온다. 나파밸리는 지중해성 기후로 포도 재배에 최적지다. 여러 가지 토양이 분포되어 있어 다양한 맛의 포도를 생산할 수 있다. 1800년대 중반부터 이곳에서 와인이 생산되기 시작하여 지금은 300곳 이상의 대규모 와이너리가 있다. 그런데 이 중 상당수의 와인 농장이 중국 자본에 넘어간 상태다.

2008년 미국의 경제위기로 인한 부동산 가격의 폭락은 와인 농장에서도 여실히 나타났다. 중국이 그 기회를 놓치지 않고 사들인 농장은 땅값만 두 배 가까이 올라 중국은 상당히 높은 시세 차익을 얻었다. 이뿐만 아니라 와인 문화와 기술까지 사는 효과를 냈다. 이 같은 상황은 와인의 나라 프랑스와 호주에서도 반복된다. 프랑스의 유명한 와인 생산지인 보르도에서는 매년 수십 개의 와인 농장을 중국인이 사들이고 있다.

그런데 중국은 왜 이렇게 세계적으로 유명한 와인 농장들을 사들

중국 내 와인 생산량으로는 늘어나는 수요를 맞출 수 없어서 와인 농장을 통째로 사들이고 있다.

이는 것일까? 중국에도 와인 생산지가 없는 것은 아니다. 산둥 성, 옌타이, 지린, 신장, 허베이 등지에서 와인을 생산하고 있는데, 기하급수로 늘어나는 와인 소비를 국내 생산만으로 감당하기 힘들다. 더군다나 경제성장과 함께 고급 와인을 선호하게 된 중국인의 취향을 중국산 와인으로 충족시킬 수도 없다.

이런 이유로 고급 와인의 대명사라 불리는 미국의 나파밸리 와인이나 프랑스의 보르도 와인의 수입이 한해에 50% 가까이 급증하는 기록을 세웠다. 고급 와인 수요의 급증은 중국을 영국과 독일을 제치고 프랑스 와인의 최대 수입국으로 만들었다. 그런데 이제는 아예 와인 농장을 통째로 사들여 생산 수단과 공급원을 확보한 와인 생산국으로 변신을 꾀하고 있다. 4년 전 중국 부동산 업체가 매입한 실레노스 빈트너스 와이너리에서 생산하는 와인의 90%는 중국으로 보내고 있을 정도다.

**스콧 메도스**
나파밸리 와인 농장 매니저

몇 년 전만 해도 중국인은 저렴한 와인을 찾았는데, 최근에는 와인 맛에 차이가 있다는 것을 알기 시작했습니다. 그래서 지금은 많은 중국인이 좋은 와인을 찾습니다. 나파밸리 와인을 찾는 것이죠. 중국

내에 나파밸리 와인 시장이 더 커지고 있어요.

중국에 부는 와인 바람은 중국 기업의 세계적인 와인 생산지 매입에서 끝나지 않았다. 한발 더 나아가 중국 부호들 사이에서도 소규모의 와인 농장을 사들이는 것이 유행처럼 번졌다. 드라마 〈황제의 딸〉의 주연 배우 자오웨이는 프랑스 보르도의 와인 농장을 60억 원에 구입했다. 이와 연계해 프랑스 잡지 〈르 푸앙〉은 "보르도의 와인 농장을 보유해 거기서 생산한 와인을 즐기는 중국인"에 대한 기사를 쓰기도 했다.

중국이 고급 와인 생산지를 구입하는 것은 고급화를 지향하는 중국인의 열망을 반영하는 사례 중 하나다. 그리고 이 열망을 현실화할 수 있는 자금력도 충분히 갖추고 있기에 이제 그들은 세계적으로 이름 난 명품 기업의 인수에도 손을 뻗치고 있다.

## 명품 소비국이 아닌
## 명품 생산국을 꿈꾼다

중국은 최대 명품 소비국이다. 전 세계 명품 소비시장 규모의 30%가 중국인에 의해 소비되어, 유럽의 명품 시장에서 명품을 가장 많이 사들이는 나라 1위로 올라서기도 했다. 이로 인해 중국은 명품 브랜드 기업의 각축장으로 떠올랐다. 많은 기업이 중국 소비자의 마음을 사로잡기 위해 마케팅을 하고 있지만, 정작 중국의 토종 기업을 찾기는 힘들다.

중국은 지난 30년 동안 급격한 성장을 이루어냈지만 세계 일류 브랜드를 내놓는 데에는 부족함이 많았다. 명품 브랜드는 하루아침에 이루어낼 수 있는 것이 아니다. 오랜 세월이 필요하며 명품일 수밖에

페레티 명품 요트 브랜드

**중국 자본은 200개가 넘는 이탈리아의 명품 브랜드 업체를 인수했다.**

없는 스토리가 있다. 이 때문에 명품은 그것을 사용하는 사람의 이미지를 업그레이드하는 효과가 있다. 소비자가 비싼 비용을 지불하고서라도 명품을 사려는 이유는 바로 이 업그레이드 되는 이미지 때문이다.

그런데 중국은 막강한 자본력으로 이 이미지까지도 통째로 사들이고 있다. 개개인이 명품 구입을 통해 얻을 수 있는 만족감을 뛰어넘어 정부와 기업이 앞장서서 아예 명품 브랜드를 구입해버리는 것이다. 특히 이탈리아는 가죽, 오토바이, 요트 제조회사 등 200여 개가 넘는 명품 브랜드 업체가 이미 중국 기업에 넘어간 상황이다. 프랑스의 세계적 리조트 그룹인 클럽메드를 인수한 데 이어 영국에도 진출하여 유럽에서 영역을 넓히고 있는 중국의 민간기업 푸싱 그룹은 2013년, 60년 전통의 남성복 명품 브랜드 카루소의 지분 35%를 인수하고 대주주가 되었다.

**움베르토 안젤로니**
카루소 회장

푸싱 그룹의 목표는 중국 시장에 고품질 제품을 공급하는 겁니다. 제조업뿐만 아니라 호텔, 은행, 보험 같은 서비스 분야에서도 인수할 브랜드를 찾고 있습니다. 현재 중국에 없는 명품 브랜드를 인수해 중국 시장에 진출하려는 겁니다.

이러한 측면에서 유럽의 금융위기는 중국에 기회였다. 튼실한 요새처럼 무너질 것 같지 않던 명품 브랜드 기업이 앞다퉈 시장으로 나왔기 때문이다. 중국은 이 기업들을 인수 합병함으로써 선진 기술과 경영 노하우를 얻었을 뿐 아니라 명품 브랜드의 이미지와 고급화라는 가치까지 얻어냈다.

중국은 이를 통해 '메이드 인 차이나'의 이미지를 개선하고, 매년 확대되는 중국 내 명품 시장의 주요한 판매자로 변신을 꾀하고 있다. 더 나아가 인수한 명품 업체가 중국 기업의 세계 명품 시장 진출에 교두보 역할을 하기를 바란다. 중국의 고급화 전략을 가장 빠르게 현실화하는 방법으로 명품 브랜드 기업 인수만 한 것도 없을 것이다.

**왕중추**
중국 칭화대학교 명예교수

브랜드를 키우려면 오랜 세월이 필요합니다. 30년 만에 급성장한 중국 경제가 단기간에 세계 일류 브랜드를 내놓는 것은 매우 어려운 일입니다. 그러므로 중국 기업이 해외의 유명 브랜드를 사들이는 것은 매우 바람직한 현상입니다.

# 제주도를 잠식하고 있는
# 차이나 머니

## 중국은 왜 제주도에
## 눈독을 들이는가

한라산 밑자락에 있는 한 골프장에는 별장 주택단지가 들어서 있다. 국내 리조트 업체가 400여 세대를 지어 분양 중이다. 최고급 자재와 수입 가구로 꾸며져 있으며 사우나 시설과 실내 정원까지 갖춘 이 주택은 분양가만 10억 원에 달한다. 원래 내국인에게 팔 목적이었지만 미분양 사태로 인해 업체가 손해를 볼 위기에 처했는데, 중국인이 대거 사들이면서 미분양 사태 문제가 해결되었다.

매년 중국인의 제주도 부동산 투자는 증가 추세를 보인다. 중국과 거리가 가까운 데다 아름다운 자연풍광을 볼 수 있으니 제주도는 중국인에게 매력적인 여행 장소임이 분명하다. 그런데 지난 수년간 중국인 관광객이 급속도로 늘면서 부동산 시장까지 들썩이게 된 데에는 또 다른 이유가 있다. 제주도가 주는 혜택이 크기 때문이다.

제주도에 들어서는 고급 휴양형 주택들은 대부분 중국인이 주인이다.

하나는 2002년부터 시행한 비자 면제 혜택이다. 중국인은 까다로 운 비자 발급 과정을 거치지 않고서도 언제든지 제주도를 오갈 수 있 다. 다른 하나는 2010년에 제주도에서 시행한 '부동산 투자 이민제' 혜택이다. '부동산 투자 이민제'는 5억 원 이상의 휴양형 주택을 구입 하는 외국인에게 거주 비자를 발급해주고, 거주 비자 발급 후 5년이 지나면 영주권까지 취득할 수 있게 하는 제도다. 2018년 4월까지 한 시적으로 시행하는 제도지만 2014년 말까지 이미 1,007명의 외국인 이 거주 비자를 발급받았다. 이 중 98%인 992명이 중국인이다.

중국 관광객의 증가와 함께 중국의 국영기업은 물론이고 민간 자 본까지 제주도의 땅을 구입해 직접 단지를 짓는 경우도 많아졌다. 한 예로, 중국의 국영 부동산 기업인 루디 그룹은 1조 5,000억 원을 투 자해 헬스케어 타운을 건설 중이다. 호텔, 의료시설을 갖춘 관광단지 를 만드는 것이지만, 사실 콘도를 지어 중국인에게 분양하는 것이 사 업의 핵심이다. 이처럼 중국인이 제주도의 부동산을 대거 사들이는 통에 중국인 소유의 토지는 2014년 9월 기준으로 716만 9,060m²에 달한다. 2009년에 중국인 소유의 토지가 1만 9,700m²인 것과 비교해 보면 약 363배 이상 늘어난 것이다.

이 때문에 제주도는 분양형 숙박시설에 대한 과잉 공급 논란을 안 게 되었다. 하지만 더 심각한 문제는 제주도의 환경이 개발과 함께 파괴되고 있다는 것이다. 중국인이 투자하는 지역 대부분이 경관이

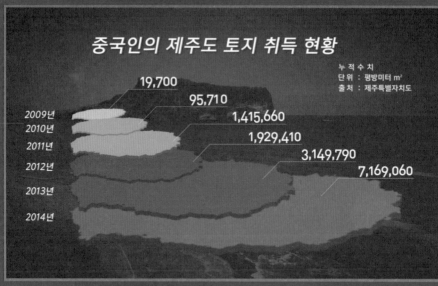

## 중국인의 제주도 토지 취득 현황

누 적 수 치
단위 : 평방미터 m²
출처 : 제주특별자치도

2009년    19,700
2010년    95,710
2011년    1,415,660
2012년    1,929,410
2013년    3,149,790
2014년    7,169,060

## 중국인이 매입한 제주도 토지

출처 : 제주특별자치도

제주시

한라산 국립공원

서귀포시

차이나 머니는 제주도의 핵심 지역을 공격적으로 사들이고 있다.

좋고 환경적인 가치가 뛰어난 곳이기 때문에 지역 주민의 조망권이 침해당하거나 일상생활에서 불편을 겪게 되는 사태도 발생한다. 외국 자본의 유입이 주는 장점과 단점을 동시에 안으며 제주도는 그야말로 몸살을 앓고 있다.

**원희룡**
제주도지사

중국 입장에서는 제주도를 통째로 판다고 하면 통째로 살 겁니다. 그런데 그러면 안 되죠. 제주도는 대한민국의 영토이고 대한민국의 정체성을 지켜야 합니다. 제주도가 없으면 대한민국이 얼마나 재미가 없겠습니까?

## 제주도는
## 힐링이 필요하다

한라산 천연보호구역, 성산 일출봉, 거문오름 용암동굴계는 2007년에 세계자연유산에 등재되었다. '제주 화산섬과 용암동굴'이라는 이름으로 등재된 이곳들은 제주도 전체 면적의 약 10%를 차지한다. 이미 우리나라는 조선왕릉, 양동마을, 남한산성 등 문화유산으로 등재된 곳이 많지만 세계자연유산에 등재된 것은 제주도가 최초다. 천혜의 자연풍광을 지닌 제주도는 섬이라는 특성상 해변이 특히 아름답다. 한라산과 기생화산이 어디에서도 볼 수 없는 멋진 풍광을 만들어내기도 한다.

그런데 최근 제주도의 땅은 몸살을 앓고 있다. 공격적으로 들어오는 중국 자본이 토지를 잠식하면서 난개발을 지속적으로 하고 있기 때문이다. 특히 중산간 지역의 훼손은 제주 주민들이 식수로 사용하는 지하수를 오염시키는 위험까지 안고 있다.

**김태일**
제주대학교 건축학과 교수

중산간은 해발 200~600m에 위치한 지역으로 제주도의 지하수, 경관, 생태계 보고라고 할 수 있는 핵심 지역입니다. 이쪽에 대규모 개발이 이루어지고 있다는 점이 문제입니다. 또 하나는 제주도가 섬이기 때문에 해안 지역의 경관이 무척 아름다운데, 이쪽에도 중국 자본이 토지를 많이 잠식하고 있다는 겁니다.


사실 차이나 머니의 공습은 지역 건설업의 활성화라는 측면에서 순 작용을 했다. 하지만 일자리 만들기와 그 파급 효과는 부족하다.

중국 자본에 의한 난개발로 제주도 땅은 몸살을 앓고 있다.

세금 수입도 기대만큼 크지 않다. 내외국인 가릴 것 없이 제주도 휴양시설에 50억 원 넘게 투자하면 취득세, 법인세 같은 세금을 대폭 감면해주기 때문이다. 제주도의 자연이 파괴되고 주민들의 조망권, 식수권이 위협받는 희생을 감수하면서까지 중국 자본을 끌어들이는 것이 과연 적절한지 의문을 가질 수밖에 없다.

실제로 중국인의 제주 부동산 사업에 대해 회의적인 시각이 대두하기 시작했다. '부동산 투자 이민제'만 해도 비판의 목소리가 높다. 이를 의식한 제주도에서는 부동산 5억 원에 지역개발 채권 매입 5억 원이라는 조건을 도입하기로 했지만, '제주도의 중국화'를 저지하는 데 얼마만큼의 성과를 낼지 알 수 없다.

제주도의 핵심 가치는 아름다우면서도 특별한 자연환경이다. 그런데 옥석을 가리지 않는 투자와 난개발 속에서 청정한 자연환경을 지킨다는 것은 무리로 보인다. 그런데도 별다른 제동을 걸지 않는다면 황금알을 낳는 닭의 배를 갈라 당장의 욕심만 채우고 미래를 내다보지 못하는 것과 다를 바가 없다.

**원희룡**
제주도지사

투자가 오는 것은 좋은 일입니다. 그런데 제대로 기준이나 방향을 잡지 못하면 돈에 모든 것이 휩쓸려서 우리의 정체성이나 주도권을 놓쳐버릴 수 있죠. 그래서 과연 어떻게 질서를 정비할 것인가를 고민하다 보니 자다가도 벌떡 일어날 정도로 긴장이 많이 됩니다.


## 차이나 머니를 바라보는
## 우려의 시선

중국 자본의 막강한 힘은 세계 곳곳에서 확인할 수 있다. 아프리카에서는 기반시설 건설로, 미국과 유럽에서는 구원투수로, 아시아 각국에서는 경제성장의 동력으로 힘을 발휘한다. 세계 곳곳에서 주식은 물론 채권, 부동산 등의 자산에도 대거 투자하면서 주요 산업을 재편하는 큰손으로 떠올랐으며, 관광 산업의 매출을 올려주는 황금 고객이기도 하다.

한국을 비롯한 많은 나라는 중국 자본의 투입으로 경제적 이익을 얻거나 숨통을 틔운다. 이 때문에 중국 자본의 영향력은 상당히 높으며 중국 자본의 움직임에 따라 국가 경제력이 좌우되기도 한다. 상황이 이렇다 보니 중국 자본을 우려하는 시선도 만만치 않다.

물밀 듯이 들어왔다가 갑자기 빠져나갔을 때의 위험도 문제지만, 중국의 국제 경쟁력 강화는 우려를 넘어서 위기감까지 자아낸다. 중국 자본의 기업 투자는 기술 유출로 이어져 시장을 빼앗길 위험이 그만큼 커지기 때문이다. 또 막대한 자본력을 가진 중국의 입김에 따라 국내 정세는 물론 세계정세가 흔들릴 수도 있다. 중국 자본과 함께 들어온 중국인의 시장 장악 역시 만만치 않으며, 그들의 이익에 따라 움직이는 시장에서 현지인은 불이익을 당할 공산이 크다. 페루의 모로코차 마을 사례에서도 알 수 있듯이 중국 자본의 유입은 오히려 현지인의 삶의 터전을 무너뜨린다.

중국 자본은 동전의 양면과 같다. 이익을 주는 만큼 실익에 대한 위험도도 크다. 의존도가 높아질수록 그로 인한 타격은 예측 불가할 정도로 높아지기 마련이다. 이러한 상황에서 한국이 가야 할 길은 진격의 거인처럼 움직이는 차이나 머니에 대한 의존도를 낮추고 국가 경쟁력을 키우는 것이다.

# PART 4

# 막강한 군사력으로
# 패권을 노린다,
# 팍스 시니카

# 경제력을 바탕으로
# 군사 강국을 꿈꾸다

## 도광양회의 전략으로
## 때를 기다리다

중국은 기원전 3세기에 진시황이 대륙을 통일한 이후 2,000년 넘게 아시아의 맹주이자 패권 국가였다. 하지만 산업화에 뒤처지며 19세기에 들어 쇠락의 길로 접어들었다. 급기야 서구 열강과 일본의 침략을 받고 반식민지로 전락하는 수모까지 겪었다. 제2차 세계대전이 끝나고 공산당이 집권하면서 중국은 내부 체제 결속에 힘을 쏟았다. 국경을 놓고 주변국과 전쟁을 벌이기도 했지만 적극적인 팽창은 자제해왔다.

1980년대에 집권한 덩샤오핑은 자본주의를 도입하고 경제 발전에 온 힘을 쏟았다. 외부로의 적극적인 진출보다 먹고사는 문제를 해결하는 것에 우선을 두었다. 그러는 한편 외교 정책에서는 '도광양회韜光養晦'의 뜻을 폈다. 도광양회는 삼국지에서 조조의 식객으로 있었던 유비가 자신의 재능을 숨기고 은밀히 힘을 기르는 데서 기인한다. 덩샤오핑은 이를 외교 정책에 활용해 내부의 역량을 키우며 때를 기다리겠다는 뜻으로 사용했다.

**진찬룽**
중국 인민대학교 국제관계학원 부원장

덩샤오핑 시대의 임무는 발전을 통해 중국을 정상 국가로 변화시키는 것이었습니다. 당시 외교의 핵심은 국가 이익의 성장입니다.


경제를 키우는 동안에는 대외적으로 불필요한 마찰을 줄이자는 도광양회는 후계자인 장쩌민과 후진타오를 거치며 계승되었다. 후진타오는 여기서 한발 더 나아가 '화평굴기和平崛起'를 내세운다. 화평굴기는 경제적으로 일어서며 주변국과 평화의 기조를 유지한다는 뜻이다. 얼핏 도광양회와 비슷한 맥락으로 보이기도 하지만, 도광양회가 음지에서 힘을 키우는 것이라면 화평굴기는 경제력을 가진 양지에서도 평화로운 발전을 꾀하겠다는 것이다.

외교에 대한 이 기조는 5세대 지도자인 시진핑에 와서 보다 적극

덩샤오핑은 힘을 축적하며 때를 기다린다는 도광양회의 외교 전략을 내세웠다.

적으로 바뀐다. 이른바 '주동작위主動作爲'다. 주동작위는 세계의 규칙에 중국의 이익을 반영하겠다는 뜻이다. 시진핑은 중국의 부활을 기치로 내걸고 있다. 강한 경제력을 바탕으로 국제 관계에서도 적극적으로 대응하겠다는 것이다. 그리고 당 대회에서 "중국은 세계 규칙의 추종자에서 세계 규칙의 제정자로 바뀌고 있다"고 말하며 이 같은 의지를 확고히 다졌다.

1980년대에 덩샤오핑이 은밀히 힘을 키우며 기다렸던 바로 그때가 도래했다. 중국은 세계 2위의 경제 대국이라는 국제적 지위에 걸맞게 국방력을 키울 뿐 아니라 영토 문제 같은 핵심 이익에 대해서는 절대 양보하지 않는다. 막강한 경제력과 군사력을 바탕으로 인도양까지 세력을 넓히며 미국 패권의 세계 지도를 고치는 중이다.

## 동아시아 패권을 놓고 벌이는
## 미국과 중국의 대립

자본주의 세계에서 경제력은 곧 힘이고 권력이다. 개인은 물론이고 기업, 정부, 국가 등 모든 집단의 발전과 미래는 경제력에 달린 것이 현실이다. 특히 한 국가의 군사력은 경제력에 기반을 둔다. 지난 100년 동안 미국이 군사 대국으로 세계의 패권을 잡을 수 있었던 것도 막강한 자본력이 있었기에 가능한 일이었다. 그리고 이제 중국이 막강한 경제력을 바탕으로 군비를 늘리며 군사 강국으로 올라서고 있다. 아시아를 넘어 세계 패권을 넘보기 시작한 것이다.

군사 강국으로서의 행보는 국방 예산만 보더라도 알 수 있다. 중국은 현재 미국에 이어 두 번째로 많은 국방비를 쓰고 있다. 중국 정부가 발표한 국방비는 125조 원이지만 실제로는 보이지 않는 국방비가 더 많이 투입된다.

반면 미국은 이제까지 자신이 패권을 쥐고 있던 동아시아에 중국이 들어서는 것을 원치 않는다. 미국이 인식하는 중국은 미국의 패권에 유일하게 도전할 수 있는 나라다. 이 때문에 미국은 중국을 동

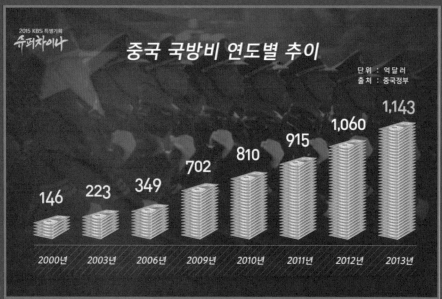

중국의 국방비는 해마다 큰 폭으로 증가하고 있으며 미국에 이어 두 번째로 많다.

아시아의 세력 균형 체제를 무너뜨릴 수 있는 위험 국가로 간주하고 있다.

현재 중국의 경제력과 군사력은 아직은 미국의 힘에 미치지 못한다. 하지만 많은 전문가가 중국이 향후 20년 전후로 경제력, 군사력에서 미국과 버금가는 수준으로 올라서리라 예측하고 있으며, 미국은 이를 미리 저지하고자 한다.

**마틴 자크**
《중국이 세계를 지배하면》 저자

분명한 것은 지금 중국이 미국에 대적할 만한 위치에 있다는 겁니다. 이전에는 자신의 위치를 내세우려고 하지 않았죠. 하지만 이제는 중국의 공세적인 활동이 늘었습니다.

중국은 미국의 아시아 회귀 전략에 적극적으로 대응하기 위해 남중국해에 공을 들이고 있다. 중국은 3개의 함대를 가지고 있는데, 한반도를 겨냥하는 북해 함대, 대만을 상대하는 동해 함대, 남중국해를 관리하는 남해 함대가 그것이다. 특히 중국 남부 광둥 성의 해안을 따라 주둔하는 남해 함대는 세 함대 중 가장 강하다. 그리고 최근 남해 함대의 규모는 더욱더 커졌다. 그 이유 중 하나는 대만과의 관계가 좋아지면서 동해 함대 중 일부가 남해 함대 쪽으로 옮겨왔기 때문이다.

남해 함대 중 특히 눈에 띄는 것은 상륙용 배들이다. 이 배는 남중국해 일대에서 분쟁이 일어나는 경우를 대비해 준비한 것이다. 상륙 작전 시 병력과 장비를 싣고 이동할 때 쓰인다. 남해 함대의 또 다른 주둔지인 하이난 성 해군기지는 중국군의 총지휘자 시진핑 국가주

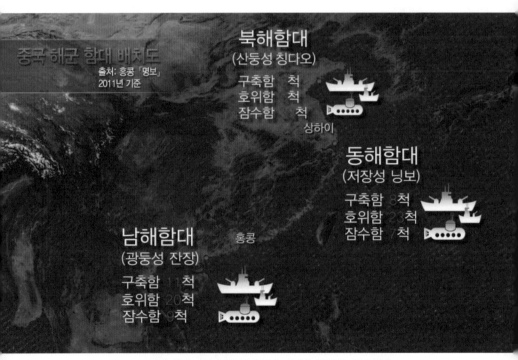

중국은 한반도를 겨냥한 북해 함대, 대만을 상대하는 동해 함대,
남중국해를 관리하는 남해 함대로 구성된 3개의 함대를 가지고 있다.

석의 지휘하에 전력을 대폭 강화하고 있다. 잠수함기지 옆에는 새로 항공모함기지도 건설 중이다.

이처럼 중국과 미국은 서로 견제하기 위해 군사 준비에 여념이 없다. 이는 곧 동아시아가 미국과 중국의 패권 싸움터로 번질 가능성이 매우 높음을 보여주는 하나의 징조이기도 하다.

**리처드 부시 3세**
브루킹스 연구소 동아시아연구센터 소장

패권 이동에 대해 연구하는 학자들은 부상국의 첫 과업이 자기 나라와 주변 지역을 잘 통제하는 것이라고 믿고 있습니다. 미국도 현재의 미국 영토와 북미 대륙을 먼저 통제했죠. 나중에야 아메리카 대륙에서 우세한 힘을 펼쳤고, 훨씬 후에 전 세계적으로 영향력을 행사하게 되었습니다. 중국도 먼저 자국 내와 동아시아에서 힘과 영향력을 확장할 것으로 예상합니다. 실제로 그렇게 하고 있죠.

## 중국에 이익이 되는 일에
## 양보란 없다

중국의 국력이 강해질수록 분쟁에

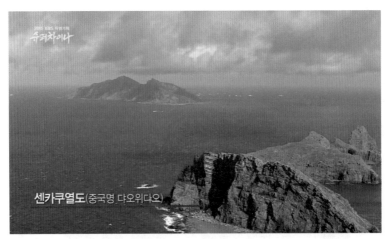

센카쿠열도(중국명 댜오위댜오)

영유권을 둘러싸고 중국과 일본의 갈등이 첨예하게 대립 중인 센카쿠열도

시달리는 지역이 있다. 바로 동아시아 해역이다. 동아시아는 넓은 해
양과 맞닿아 있으며 각 국가가 갖는 해양에 대한 이익과 이해관계가
세계 어느 곳보다 첨예하게 대립해왔다. 특히 동중국해 남서부에 위
치한 센카쿠열도는 현재 일본이 실효 지배하고 있지만, 중국도 영유
권 주장을 굽히지 않고 있다.

중국의 영유권 주장에는 나름대로 근거가 있다. 명나라 초기에 출
간된《순풍상송》에 '조어서'란 이름으로 중국 영토로 기록되어 있기
때문이다. 그런데 1895년 청일전쟁에서 일본이 이 군도를 주인이 없
는 곳으로 간주하고 자국 영토화시켜버렸다. 사실 중국이 영유권을
주장하는 진짜 속내는 이곳에 매장된 막대한 석유와 시라카바 가스

전에 있다. 시라카바 가스전에는 천연가스 매장량이 알려진 것만 약 9,200만 배럴에 달한다. 아직 탐사되지 않는 것까지 합치면 그 양은 더 많을 것으로 예상된다. 또한 센카쿠열도는 동북아에서 태평양으로 나가는 길목에 자리 잡은 군사 요충지이기도 하다.

바로 이러한 이유로 중국은 센카쿠열도를 쉽게 포기하지 못한다. 이는 일본도 마찬가지다. 두 나라는 각각 자국의 이익을 위해 센카쿠열도를 지키거나 빼앗기 위해 기를 쓰고 있다. 사실 이 같은 갈등은 오래전부터 있었던 것이지만, 중국의 경제력과 군사력이 커지면서 센카쿠열도의 긴장은 더 첨예해졌다. 2010년 센카쿠열도에서 조업 중이던 중국 어선과 이를 불법 조업으로 간주하고 단속을 실시한 일본의 해상 보안청 사이에서 발생한 해상 충돌 이후 중국은 일본과의 외교적 마찰까지 불사하며 끊임없이 기회를 엿보고 있다. 특히 중국은 이 지역을 국제적인 분쟁 지역으로 인식시키는 전략을 쓴다. 일본식 이름인 센카쿠열도가 아니라 중국식 이름인 댜오위다오로 원래 그들의 땅이었음을 어필하고자 한다.

중국의 영토분쟁에 휘말린 것은 일본만이 아니다. 필리핀, 베트남 등 주변 국가도 스프래틀리 군도와 파라셀제도를 두고 큰 갈등을 빚고 있다. 이처럼 동아시아 해역은 잦은 분쟁으로 뜨거운 감자로 떠올랐다. 해양 강국을 지향하는 중국이 자국의 이익을 위해서라면 어떤 분쟁도 불사하고 있기 때문이다.

**진찬룽**
중국 인민대학교 국제관계학원 부원장

외부에서 중국의 핵심 이익을 침범하면 중국은 단호하게 반격할 겁니다. 중국의 핵심 이익에는 몇 가지가 있는데, 영토 안정과 주권 같은 문제입니다. 타이완이나 티베트 문제 또한 중국의 핵심 이익에 속합니다.

# 남중국해를 둘러싼
# 중국의 **야욕**

---

## 베트남과 중국이 벌이는
## 영유권 분쟁

2013년 5월 중국은 남중국해 파라셀제도에 시추 장비를 설립하기 시작했다. 파라셀제도는 1974년 이전까지는 베트남 영해였지만 이후 중국의 지배하에 들어갔고, 베트남은 지난 40년 동안 끊임없이 반환을 요구해왔다. 그런데 중국이 이곳에다 시추 장비를 설립하자 베트남은 자신들의 주권을 위반한 것으로 간주하고 파라셀제도에 군함을 보내는 결단을 내렸다. 이를 예상한 중국은 미리 배치한 군함 50척으로 베트남 군함이 들어서지 못하게 막았다.

이후 중국은 해상 가까이에 접근해 석유 시추를 하는 베트남 어선에 물리적인 힘을 사용했다. 사태의 여파는 컸다. 베트남에서 반중 시위가 벌어졌으며 시위대의 일부는 중국인이 투자한 공장을 공격했다. 대만 자본이 투자해 중국인이 운영하는 한 자전거 업체는 불에 타 골조만 남았다. 당시 중국인 관리자 한 명이 사망했고 수많은 사람이 다쳤다. 중국 상품 불매운동이 베트남 전역에서 벌어지기도 했다.

베트남 현지방송 (2014년 5월)
중국 감시선과 해경선들은 집중해서 베트남의 9226호와
다른 선박들에 직접 부딪혔으며

베트남 반중 시위 2014년 5월

중국과 베트남의 남중국해 영유권 갈등으로 베트남 어선들이 파손당하자
베트남에서 반중 시위가 벌어지고 중국인이 투자한 공장이 공격당하기도 했다.

이는 어제오늘 일이 아니다. 중국은 자주 분쟁을 만들며 주변 국가를 당황하게 하고 있다. 분쟁 수역에서 고기를 잡다 중국군이나 해경에 붙잡힌 베트남 어민은 물건이나 잡아놓은 물고기를 빼앗기기도 하고 폭행을 당하기도 한다.

베트남의 중부 도시 다낭은 남중국해에 나가 고기를 잡는 어선의 전초기지다. 선착장에는 중국 배와의 충돌로 부서져서 조업을 나가지 못하는 배들이 많다. 베트남 사람에게 이 바다는 아버지와 할아버지 때부터 고기를 잡아왔던 바다다. 그런데 중국은 남중국해 주변에 구단선이라 불리는 경계선을 일방적으로 선포해 영유권을 주장하고 있다. 심지어 암초들을 인공 섬으로 만들고 군대를 주둔시켰다.

중국이 이렇게 베트남과 분쟁을 감수하면서까지 남중국해의 영유권을 주장하는 이유는 센카쿠열도의 경우와 다르지 않다. 이곳 역시 석유와 천연가스가 많이 묻혀 있는 황금어장이기 때문이다. 게다가 남중국해는 자원과 상품이 이동하는 중요한 바닷길이다. 전 세계 원유 교역량의 4분의 1이 이곳을 지나간다.

필리핀과 대치하고 있는 스프래틀리 군도도 사정이 다르지 않다. 중국은 스프래틀리 군도의 영유권 강화를 내세우며 필리핀 선박을 힘으로 저지해왔다. 필리핀 정부는 유엔에 중재를 요청했지만 중국의 반대로 무산되었으며 여전히 갈등이 심화된 분쟁 지역으로 남아 있다. 스프래틀리 군도 역시 군사상의 요충 지역인 데다 풍부한 석유

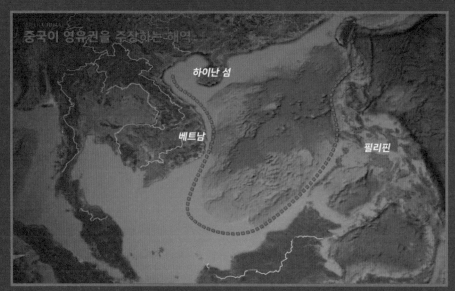

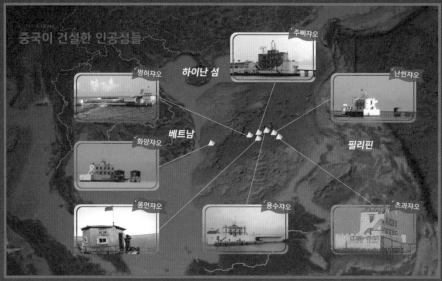

중국은 남중국해의 영유권을 지키기 위해 인공 섬을 만들었다.

자원이 매장되어 중국뿐 아니라 미국까지 넘보고 있다. 이 때문에 스프래틀리 군도는 표면적으로는 중국과 필리핀의 갈등처럼 보이지만 그 안을 살펴보면 필리핀 뒤에 버티고 있는 미국과의 갈등으로 이어진다.

**천펑쥔**
중국 베이징대학교 국제관계학원 교수

예전에는 남중국해 영유권에 대해 논쟁이 없었습니다. 필리핀이나 베트남도 원래 그 지역이 중국에 속하는 바다라고 인정했죠. 하지만 천연가스 같은 자원 때문에 점령을 했고 중국은 거기에 상응하는 투쟁을 하는 겁니다.

**존 미어샤이머**
미국 시카고대학교 정치학과 교수

중국은 모든 섬들, 말하자면 남중국해 전체를 통제하기를 원합니다. 갈수록 더 강해지는 중국은 현재 상황에 만족하지 못하고 있습니다. 결국에는 이 상황을 변화시키기 위해 군사력을 동원할 겁니다. 물리력을 쓰거나 또는 쓰겠다고 협박하면서요.

중국은 남중국의 영해를 노리며 세력 확장에 박차를 가한다. 무력을 사용하는 데 주저하지 않으며 베트남, 필리핀의 굴복을 종용한다. 역설적이게도 중국의 힘이 강해질수록 남중국해가 분쟁에 시달릴 수밖에 없는 이유다.

## 미국을 위협하는
## 무기의 개발

2013년 중국은 주하이 에어쇼에서 젠-31 전투기를 공개했다. 적의 레이더 탐지를 피하는 스텔스 기능을 갖춘 초음속 전투기로 미국의 F-22 전투기와 견줄 만하다는 평가를 받고 있다. 또 다른 전투기인 WU-14도 자체 개발 후 시험 비행까지 마쳤다. WU-14는 대기권 밖에서 음속의 열 배 속도로 날아갈 수 있는 강력한 힘을 가진 전투기다.

중국은 경제성장과 함께 국방비를 늘여왔고, 그에 따라 군사 강국의 입지도 굳히는 중이다. 하지만 군사 강대국인 미국과의 격차는 여전히 크다. 이는 단기간에 극복될 문제가 아니다. 이 때문에 중국은 미국과의 전면 대결을 당장은 피하고 있지만 미국을 위협할 무기를 개발하는 데 여념이 없다.

그중 대표적인 것으로 미국 항공모함을 겨냥해 만든 미사일 등

쥐랑 미사일

WU-14 극초음속 비행체

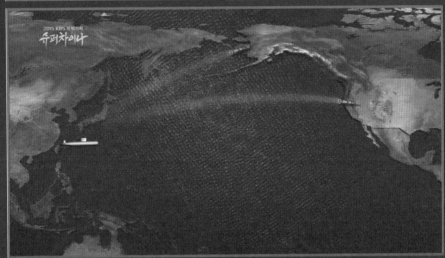

중국이 개발 중인 무기들 가운데 일부 미사일은
미국 전역이 사정권에 들어갈 정도로 엄청난 위력을 가지고 있다.

평-21이 있다. 둥펑-21의 사정거리는 3,000km에 달한다. 이는 미국 전역이 사정권에 들어감을 의미하는데, 핵탄두까지 탑재할 경우 가공할 만한 위력이 있다. 목표물을 만나면 여러 개의 자탄으로 분리되며 수직 낙하한다. 심지어 항공모함을 단박에 파괴하는 힘이 있다.

이처럼 강력한 무기인 둥펑-21에서 한발 더 나아가 개발한 것이 둥펑-41이다. 둥펑-41은 한 번에 10개의 탄두를 싣고 날아가는 최초의 미사일이다. 만약 미국이 미사일을 격추하는 데 실패한다면 미국의 10개 도시를 동시에 공격할 수 있다. 사정거리는 1만 5,000km로 지구 상의 거의 모든 지역에 도달할 수 있다. 이는 미국 전역을 덮을 정도로 엄청난 위력이다. 둥펑-41은 존재한다는 것만 알려졌을 뿐 그 실체가 확인된 것은 얼마 되지 않는다.

잠수함 보유 수에서도 중국은 미국과 맞먹는다. 잠수함은 레이더로 포착하기 어려워 전략 무기로 불린다. 쥐랑 미사일은 잠수함에서 발사하는 대륙 간 탄도 미사일이다. 2005년 중국은 이 쥐랑 미사일의 시험 발사에도 성공했다. 사정거리 8,000km로 중국 근해에서 쏘면 알래스카와 미국 서부 일대가 사정권에 들어간다.

또한 자체 기술로 항공모함도 만들고 있다. 전자정보 전쟁에 대비해 사이버 부대도 키우고 있다. 군이 직접 우주 기술 개발을 총괄하면서 미래의 우주 전쟁까지 차근차근 준비한다.

**존 미어샤이머**
미국 시카고대학교 정치학과 교수

미국은 상황이 더 안 좋아질 뿐입니다. 중국은 시간이 지나면서 점점 나아지고 있고요. 중국은 부유해지면서 더 강해질 가능성이 높습니다. 패권을 향한 중국의 욕구는 점점 더 커질 겁니다.

## 미국의 힘으로
## 중국에 대응하는 필리핀

미국은 냉전이 끝난 후 아시아에서 한발 물러서 있었다. 하지만 최근에는 다시 아시아로 회귀하는 전략을 꺼내 들었다. 강대국으로 부상하는 중국을 견제하기 위해서다. 그리고 그 발판은 필리핀이다. 필리핀은 중국과의 영유권 분쟁에 처해 있다. 이는 미국이 필리핀에 군사력을 배치하기 좋은 빌미이기도 하다. 이를 뒷받침하듯 미 해군 참모총장인 조너선 그리너트 제독은 필리핀을 방문했을 때 이렇게 말했다.

"미국은 필리핀과의 상호 방위조약을 존중합니다. 분쟁이 있을 경우 미국은 필리핀을 지원할 것이며, 이는 조약에 따라 미국이 지켜야 할 의무입니다."

그가 말한 분쟁은 의심할 여지 없이 중국과의 분쟁이다. 필요한 경우에는 무력도 불사하겠다는 의지다. 실제로 미국은 서태평양에 배치한 50척의 군함을 2020년까지 60척으로 늘릴 계획이다.

2014년 4월에는 버락 오바마 미국 대통령이 필리핀을 방문하여 "오늘 우리 양국 관계가 새로운 국면을 맞이하게 되어 기쁩니다. 오늘부터 새로운 상호 방위조약이 발효되었습니다. 우리는 함께 필리핀을 방어할 것이며 남중국해 지역의 안정을 도모하기 위해 노력할 겁니다"라고 양국 관계를 공식적으로 발표했다.

미국과 필리핀 간의 상호 방위조약은 1951년에 이미 체결했다. 이

과거 미군이 동아시아의 전초기지로 쓰다 철수했던 수빅만에 다시 미군기지가 들어설 예정이다.

조약은 미국과 필리핀 어느 쪽에 대한 침략에도 대응하기 위한 것이다. 하지만 중국과의 영해 분쟁은 이 두 국가의 상호 방위조약에 새로운 국면을 맞이하게 했다. 대표적인 예가 '수빅만'이다.

수빅만은 필리핀의 수도 마닐라 서북쪽에 있는 도시다. 15년 전만 해도 아시아의 대표적인 미국 해군기지로 유명했던 곳이다. 미군이 물러간 후 필리핀 정부는 이곳을 '세계적인 자유무역항'으로 탈바꿈시키려는 계획을 세웠다. 미군은 수빅만에서 철수하며 전력, 통신, 공항, 항만 등의 인프라와 주택, 호텔 같은 편의시설을 남겨두고 떠났다. 필리핀 정부는 이것을 기반으로 투자 유치를 받아 수빅만을 발전시키고자 했다. 하지만 수빅만에 대한 외자 유치는 활성화되지 못했다. 그저 미군기지의 흔적을 볼 수 있는 관광도시로 남아 있을 뿐이다. 그런데 이곳에 다시 미군기지가 들어설 예정이다.

미군에게 수빅만은 최적의 장소다. 이전의 군사시설이 그대로 남아 있는 데다 많은 수의 군함과 항공기를 수용할 능력도 있다. 특히 미군의 장비나 무기의 사전 배치가 가능해 긴박한 상황에 바로 대처할 수 있는 이점이 있다. 이 같은 상황은 필리핀 내에서 미국의 개입을 우려하는 목소리와 필요하다고 말하는 목소리의 갈등으로 이어지기도 했다. 하지만 필리핀 정부는 미국의 힘을 빌려서라도 중국에 대응하려는 의지를 거두지 않고 있다.

**존 미어샤이머**
미국 시카고대학교 정치학과 교수

결국 중국은 미국을 동아시아에서 밀어내는 데 관심을 두게 될 겁니다. 미국도 중국이 자신의 구역으로 들어오는 것을 바라지 않죠. 중국 또한 미국이 자신의 구역에 진입하는 것을 오랫동안 원치 않을 겁니다.


## 베일을 벗은
## 융싱다오 플랜

중국 하이난 성에서 배로 15시간 거리에 '융싱다오'라는 섬이 있다. 이 섬은 남중국해 파라셀제도에서는 가장 큰 섬이지만 동서로 1.8km, 남북으로 1km 정도에 불과하다. 그런데 중국은 2012년 이 섬에 싼사 시 정부를 설립했다.

중국이 이 같은 조처를 한 이유는 이 섬이 베트남, 필리핀 등 주변국과 영유권 분쟁이 이루어지고 있는 파라셀제도, 메이클즈필드 천퇴, 스프래틀리 군도를 아우르는 곳이기 때문이다. 즉 융싱다오는 중국의 인근 해역 영유권을 수호하는 기지로 선택된 셈이다. 융싱다오에 등록된 만 명 정도의 주민은 대부분 군인이나 경찰, 공무원이다.

섬의 건물은 군부대 막사가 주를 이루고 있으며, 각 부대 입구마다 호전적이고 자극적인 구호를 적어놓았다. 곳곳에는 중국 영토임을 알리는 표시와 문구가 걸려 있다.

　해안가에는 활주로가 건설되어 있다. 3km가 넘는 이 활주로는 섬보다도 길다. 전투기는 물론 폭격기도 이륙할 수 있다. 남중국해의 섬 중 유일하게 중국 비행장이 건설되어 중화권 언론은 "남중국해의 중국 불침 항모(가라앉지 않는 항공모함)"라고 표현하기도 한다. 육지와 연결하는 관문인 항구는 만 톤짜리 군함도 정박할 수 있는 규모를 자랑한다. 이 항구는 주변 섬과 멀리 있는 인공 섬에 필요한 물자를 보내는 보급기지 역할을 한다.

**남중국해 파라셀제도의 융싱다오에는 섬보다 더 긴 활주로가 건설되었다.**

**황둥**
마카오 군사평론가

그 활주로는 의심할 바 없이 군사 목적입니다. 3,500m나 되는 활주로에는 전투기는 물론 폭격기도 이착륙할 수 있습니다. 1,000m만 있어도 이륙이 가능합니다. 그래서 그곳의 가치는 매우 크죠. 긴 비행기 활주로와 군용 부두 외에도 대형 전자 감시 장비를 만들었습니다. 마치 진공청소기처럼 주위 모든 동남아 국가의 전자 신호를 모아 감시할 수 있습니다. 모든 시설이 군사 목적으로 되어 있죠.

중국 정부는 간척공사도 벌인다. 밀물 때면 드러나는 주변 바다를 메우는 공사다. 이 공사를 통해 지난 1년간 섬 크기의 30%에 달하는 면적을 더 넓혔다. 중국은 융싱다오를 남중국해 진출의 전초기지로 삼아 남중국해 수역 안에서 섬을 장악할 수 있는 상황을 만들고자 한다. 융싱다오는 중국의 해상 영토 주권 수호와 외교 투쟁의 중요한 보루로 전략적인 위치를 점하고 있다.

**존 미어샤이머**
미국 시카고대학교 정치학과 교수

중국은 남중국해 수역 안에서 섬을 장악하는 상황을 만들려 합니다.

말하자면 배가 다니는 항행 규칙을 쓰고 집행하려는 겁니다. 다른

나라가 남중국해를 어떻게 횡단할지를 결정하려는 것이죠.

# 인도양의 **패권 구도**는 **달라질 것인가**

## 스리랑카에 내민
## 원조의 손길

스리랑카는 2009년에 타밀 반군 지도자의 죽음과 함께 26년이나 지속했던 내전이 종식되었다. 그런데 스리랑카가 내전을 끝낼 수 있도록 도움을 준 나라가 있다. 바로 중국이다. 중국은 스리랑카 내전 동안 외교적으로 힘을 실어주었을 뿐 아니라 정부군에게 무기와 탄약, 전투기를 대량으로 판매해왔다. 그러는 한편 1조 1,000억 원에 달하는 원조를 해주었다.

중국의 지원을 업은 정부군은 타밀 반군과의 싸움에서 승리를 얻어냈다. 하지만 당시 무고한 시민 수만 명이 죽었으며, 이것을 문제삼은 미국과 유엔은 스리랑카에 경제 지원을 끊었다. 그렇다고 스리

툴보-카투냐케 고속도로

마타라-카타라가마 철도 노선

보항 화물 부두

중국이 스리랑카에 고속도로, 철도, 발전소, 화물 부두 등 다양한 국가 기반시설을
지원함으로써 양국은 우호적 관계를 맺고 있다.

랑카가 고립무원에 빠진 것은 아니었다. 2007년부터 긴밀한 외교 관

계를 맺고 있는 중국이 여전히 지원을 아끼지 않았기 때문이다.

중국은 스리랑카의 재건을 도와주며 우방 국가로서의 입지를 단

단히 다지고 있다. 공항과 철도, 발전소 등의 건설에 자금을 지원했

을 뿐 아니라 3,000억 원의 차관을 지원해 스리랑카에서 가장 넓은

고속도로를 건설해주었다. 또한 스리랑카의 명물로 자리 잡은 오페라 대극장을 지어 기증했다. 이뿐만이 아니다. 2013년을 기준으로 중국이 스리랑카에 지원한 돈만 3조 5,000억 원에 이른다. 이 자금은 BOT 방식으로 투자되었다. BOT 방식은 도로, 항만, 교량 등의 인프라를 건설한 시공사가 일정 기간 이를 운영하면서 투자비를 회수한 뒤 발주처에 넘겨주는 수주 방식이다. 즉 중국이 건설하고 직접 운영하다 스리랑카에 기부하는 방식으로 이후로는 중국이 소유권을 주장할 수 없다. 남아시아 물류의 허브인 콜롬보 항 화물 부두 또한 중국이 2년 전 5,000억 원을 들여 지어준 것인데 중국이 항구 운영도 직접 맡아서 하고 있다.

스리랑카의 입장에서는 중국이 내민 손이 확실히 사탕처럼 달콤했다. 중국은 왜 이렇게 많은 돈을 지원하면서까지 스리랑카의 재건에 힘을 쏟는 것일까?

## 경제적 원조 뒤에 감춘
## 군사적 야심

스리랑카는 인도양의 중심에 있는 작은 섬나라다. 인도 바로 옆에 있어 '인도의 귓밥'이나 '인도의 눈물'이라는 별칭으로 불리기도 한다. 그런데 이 스리랑카에는 중동이나 동아시아로 향하는 항로의 경유지가 있다. 바로 스리랑카의 내부에 위치한 항구 도시 함반토타다. 대부분 배는 이곳에서 손쉽게 연료를 공급한다. 또한 제품을 생산해 선적하기 좋은 곳이다. 그래서 이 항구 도시의 경제적 가치는 매우 크다.

중국은 바로 이 함반토타를 얻고자 한다. 함반토타는 석유 수입량의 절반을 중동에 의지하는 중국에 절대적으로 필요한 수송로다. 또한 중국이 얻게 될 군사 전략적인 이점도 적지 않다. 함반토타는 원유 수송로 확보와 군사적 전진기지라는 매력이 있다. 이 때문에 중국은 1조 5천억 원을 들여 함반토타에 새 항구를 건설하고 있으며, 완공하면 중국이 직접 운영을 맡을 예정이다.

중국은 함반토타 외에도 인도양에 접해 있는 여러 나라에 항구를 건설해 직접 운영하고 있다. 중국의 석유 수송로를 지키기 위해서다. 중동의 석유가 인도양을 거쳐 중국까지 가는 데 안전한 수송을 위해 군함들의 정박지가 필요하다. 이 항만은 민간 화물선뿐 아니라 군함 급유용으로 사용할 수 있으며, 인도양에서 해적과 싸우기 위한 전략 기지로도 유용하다.

현재 막강한 전력의 해군을 파견해 인도양 일대를 관리하는 나라는 미국이다. 미국은 인도양의 수로를 통해 페르시아만에서 나오는 석유나 자원을 이동한다. 그런데 중국의 등장으로 인도양은 새로운 '그레이트 게임(19세기 중앙아시아에서 세력을 확대하려는 영국과 러시아의 전쟁)'의 접전지로 부각되고 있다.

**존 미어샤이머**
미국 시카고대학교 정치학과 교수

페르시아만에서 나오는 석유가 굉장히 중요합니다. 미국이 강력한

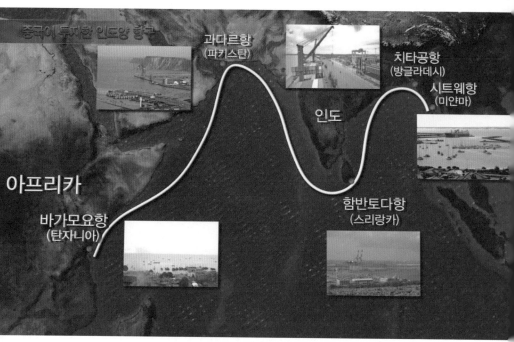

중국이 투자한 인도양 항구

과다르항
(파키스탄)

치타공항
(방글라데시)

시트웨항
(미얀마)

인도

아프리카

함반토다항
(스리랑카)

바가모요항
(탄자니아)

중국은 이미 인도양에 접해 있는 여러 나라에 항구를 건설해 직접 운영 중인데,
스리랑카와의 우호적 관계를 통해 함반토타 항까지 확보했다.

해군을 가지고 있는 이유는 이 때문이죠. 미국은 이 수로를 모두 통제하고 싶어 합니다. 이 길을 통해 미국이 중요하게 생각하는 모든 상품과 자원이 이동하니까요. 이 기본적인 논리가 중국에도 적용됩니다. 그래서 중국은 동아시아뿐만 아니라 인도양의 해로까지 지배하기 위해서 군사력을 키워나갈 겁니다.

## 아프리카로 확대되는
## 중국 파워

미래의 패권 국가가 되기 위한 중국의 계획에서 결코 빠질 수 없는 지역이 있다. 바로 아프리카다. 아프리카는 사회주의 체제 국가가 많은 데다 지하자원도 풍부해 중국이 오랫동안 공을 들여왔다. 특히 중국은 유럽 국가와 달리 원조를 하면서도 조건을 달지 않는다.

1970년대부터 중국과 긴밀한 외교 관계를 유지해온 아프리카 동부 연안의 탄자니아는 시내 곳곳에서 중국이 지은 건물을 어렵지 않게 발견할 수 있다. 병원과 경기장, 국제 회의장 등 중국의 손길이 미치지 않은 곳이 없을 정도다.

탄자니아 국제회의장 >>>>>
Super China

중국-탄자니아 우호 병원

탄자니아 국립 경기장
Super China

**탄자니아 시내에 있는 주요 건물 중 상당수가 중국이 지어준 것이다.**

**이노센 카와**
탄자니아 투자청

중국은 서방 국가와 다릅니다. 그들은 조건을 달지 않습니다. 그들은 유럽 국가처럼 원조를 해주면서 이래라저래라 말하지 않으며, 내정 간섭을 하지 않습니다.

탄자니아 동쪽의 작은 도시 바가모요는 예로부터 배들의 정박지로 이용되었다. 인도양에 접해 있으며 물살이 잔잔해 배가 정박하기에 아주 좋은 조건이다. 중국은 이곳에 10조 원을 들여 큰 항구를 건설할 예정이다. 항구가 완성되면 인도양의 다른 항구들처럼 중국이 직접 운영까지 맡을 것이다. 바가모요 사람들은 이 항구에 대해 기대가 크다. 항구를 건설하면 환경이 개선될 뿐 아니라 지역 발전에도 도움이 된다고 여긴다.

**슈쿠루 마쵸**
탄자니아 바가모요 시장

바가모요 항구는 남아프리카공화국의 항구보다 훨씬 현대적인 시설을 갖출 겁니다. 이 항구는 탄자니아 무역의 중심지가 될 거예요.

하지만 중국의 속내는 좀 다르다. 중국은 바가모요 항구를 군항으로도 쓸 계획이다. 중국 정부가 그동안 탄자니아와 긴밀한 군사협력 관계를 맺어온 이유이기도 하다.

중국은 이처럼 각 대륙 각 나라의 주요 거점에 항구를 건설하는 데 큰 비용을 들이고 있다. 이미 남아시아 일대에 항구를 건설한 중국은 이제 아프리카의 항구까지 손에 넣었다. 표면적으로는 민간 항이지만 그 이면을 살펴보면 대부분 군항으로 쓰이기도 한다. 바로 이 때문에 서방 세계는 '중국 위협론'을 거론한다. 중국은 미래의 패권 국가가 되기 위해 치밀하게 준비하고 있다.

탄자니아의 바가모요 항구는 중국 자본에 의해 현대식으로 재건될 예정인데
그 이면에는 군항으로 사용할 계획이 포함되어 있다.

**존 미어샤이머**
미국 시카고대학교 정치학과 교수

미국은 19~20세기를 거치며 힘이 더 커졌고 패권을 향한 욕구도 커졌습니다. 그리고 채워지지 않는 욕구와 함께 지금의 미국이 되었습니다. 미국은 전 세계를 지배할 권리와 책임이 있다고 여깁니다. 중국도 힘이 더 강해지면 미국을 흉내 내겠죠. 가능하면 세계 여러 지역을 지배하려고 할 겁니다.

# 패권 국가를 향한
# 중국의 야망

---

**인류 역사상 최대 규모인**

**니카라과 운하의 건설**

　　　　　　　　　　　　니카라과에는 전 세계 토목공사 중 최대 규모라고 할 수 있는 운하가 건설 중이다. 280km 길이에 넓이도 인근 파나마 운하보다 두 배나 되며, 대서양에서 시작하여 태평양까지 연결된다. 알려진 건설 비용만 50조 원이 넘는다.

　이처럼 거대한 운하의 설계와 건설을 도맡은 기업은 홍콩에 있는 작은 회사 홍콩니카라과대운하개발공사HKND다. 이 회사는 니카라과에 운하를 만들기 위해 최근 만들어진 기업이다. 모기업은 중국 본토의 통신장비 업체인 신웨이 그룹이다. 그런데 2013년 경쟁 입찰도 없이 운하 건설 계약을 따냈고, 공사 후 50년간 운하를 운영할 수 있는 권리까지 얻었다. 이 때문에 니카라과에서 많은 말이 나오고 있다. 건설 사업 경험이 전혀 없는 작은 회사가 자금 확보 계획도 없이 낙찰을 받았기 때문이다. 사정이 이러하지만 홍콩니카라과대운하개발공사는 측량을 마치고 노선까지 확정한 상황이며, 2015년에는 본격적인 공사에 들어갈 예정이다.

어떻게 이 작은 회사가 세계 최대 규모로 건설되는 니카라과 운하의 사업을 따낼 수 있었을까? 홍콩니카라과대운하개발공사의 대표는 40살의 젊은 사업가 왕징 씨인데, 그는 건설 자금 약 54조 원을 가지고 있지도 않으며 투자를 받을 수 있는 것도 아니다. 그는 중국 정부 쪽의 사람일 뿐이다. 계약서에 이름만 내걸고 있을 뿐 사업은 중국 정부가 진행한다. 중국 중부는 직접 나서지 않고 왜 다른 사람을 내세웠을까?

자원이 없는 가난한 나라 니카라과는 그동안 석유 부국인 베네수엘라의 경제 원조로 살아왔다. 그런데 차베스의 사망 이후 지원이 끊겼고 다른 나라로부터의 경제 원조와 외자 유치가 절실한 상황이었다. 니카라과는 대만과는 친하지만 중국과는 아직 외교 관계가 없었다. 이런 상황에서 중국이 사기업을 앞세워 운하 건설 계약을 따냈다는 분석이 지배적이다.

**레사예 알바레즈**
니카라과 〈라 프렌사〉 신문사 기자

중국 정부는 이 사업과 관련이 없다는 입장을 보여줬습니다. 왕징 대표는 개인 투자자로서 니카라과와 직접 양해각서를 체결했다고 말합니다. 하지만 중국 정부나 중국군 쪽 인사가 이 사업에 관여하고 있다는 추측이 나오고 있습니다.

니카라과 운하를 얻는다는 것은 미국 동부와 남미로 향하는 무역로를 손에 쥘 수 있다는 뜻이다. 중국은 니카라과 운하를 통해 경제적으로 큰 효과를 보고자 한다.

## 운하를 장악해야
## 세계 패권 국가가 된다

1875년 수에즈 운하를 이집트로부터 획득한 대영제국은 지중해와 인도양을 연결하는 통로를 장악하며 세계의 패권 국가가 되었다. 한편 미국은 1903년 프랑스로부터 파나마 운하 건설권을 사들였다. 그때부터 미군은 운하의 관리와 보호를 명분으로 거의 100년 동안 파나마에 주둔했다. 태평양과 대서

니카라과 운하가 건설되면 중국은 미국 동부와 남미로 향하는 무역로를 손에 쥐게 되어 경제적으로 큰 효과를 얻는다.

양을 잇는 전략적 급소를 차지한 미국은 아메리카 대륙을 장악하며 현재의 패권국이 되었다. 이처럼 운하는 단순한 물길이 아니다. 패권 국가로 올라서는 지름길이다.

중국이 니카라과 운하의 운영권을 가져온 것은 의미심장한 사건 이다. 니카라과 운하로 인해 중국은 미국의 뒷마당까지 진출한 셈이 며, 이를 바탕으로 아메리카 대륙까지 세력을 넓힐 수 있게 되었다. 이는 곧 앞으로 중국이 미국이 누리고 있는 패권국의 지위에 강력하 게 도전할 것임을 예측하게 한다.

**더글러스 팔**
카네기 국제평화재단 부소장

미국은 아주 강하게 대응할 겁니다. 비우호적인 외국 군대가 미국 옆에 있는 것을 원치 않으니까요. 그러면 중국은 말할 겁니다. "당신들은 우리 해양에 있으면서 우리가 중남미에 들어가는 것이 왜 불만인가?" 아직 미국에 힘과 영향력이 있다는 사실을 중국이 알게 될 거라고 생각합니다.

패권 국가를 향한 중국의 야망은 세계 곳곳에서 확인할 수 있다. 지난 두 세기에 걸친 치욕스러운 역사를 뒤로 하고 강력한 군사력을 갖추며 다시 도약하고 있다. 오랫동안 때가 되기를 기다려온 중국은 이제 적극적으로 팽창 중이다. 중국이 과연 언제 아시아를 뛰어넘는 패권국이 될 것인지 세계가 주목한다.

**마틴 자크**
《중국이 세계를 지배하면》 저자

중국의 부상은 현재 진행 중입니다. 지금은 미국이 패권 국가지만 2030년이 되면 이야기가 크게 달라질 겁니다. 아마도 미국이 중심이던 세계 질서의 붕괴를 보게 될 겁니다. 대신 지금의 개발도상국들이 아주 중요한 위치를 차지할 것이고, 중국이 가장 중요한 패권 국가가 될 겁니다.

# PART 5

# 땅이 지닌 잠재력, 대륙의 힘

# 거대한 대륙이 지닌
# 잠재력과 파워

## 다양한 지형과 지질을
## 가진 나라

중국은 면적이 약 960만km²로 한 반도의 43배에 이르는 드넓은 대륙을 가지고 있다. 대륙은 그 크기 자체만으로도 거대한 힘이다. 중국의 심장부에 위치한 황투 고원은 '대륙 중국'을 상징적으로 보여주는 곳이다. 황투 고원은 해발 800~3,000m에 걸쳐 펼쳐진 황토퇴적층으로 독특한 지질과 지형을 가지고 있다. 곳곳에서 흐르는 수천 수백 개 물줄기의 침식 작용으로 빚은 황투 고원은 그야말로 경이로운 곳이다.

거대한 중국 땅을 상징하는 또 하나의 존재는 바로 황허다. 총 길이가 약 5,400km이며 유역 면적만 해도 한반도의 세 배에 이른다.

6,000여 년 전, 대륙과 강을 따라 이동하던 선사시대 사람들은 이곳에 터전을 잡고 새로운 인류 문명을 탄생시켰다. 바로 4대 문명으로 불렸던 황허 문명이다. 황허는 고대문명의 발상지며 수천 년에 이르는 중국의 문화사, 민족사, 문명사의 뿌리다.

황허의 가장 큰 지류에 위치한 시안은 실크로드의 출발점이자 종착지였던 곳이다. 역사상 가장 많은 왕조의 수도였으며 거대 제국의 현장이기도 했던 시안은 중국 역사에서 가장 중요한 도시 중 하나다. 이 지방은 800리 친촨이라고 불리는데, 여기서 많은 유적이 발견됐고 특히 선사시대 유적이 많이 발견되었다. 최초의 통일 황제 진시황의 영광과 탐욕을 보여주는 병마용갱도 이곳에 있다. 8,000여 병사와 수백 마리의 말 형상이 대륙의 한 시기를 증언한다.

하지만 중세로 접어들면서 중국의 중심은 베이징으로 이동하게 된다. 14세기 대륙의 주인이 된 명나라는 베이징을 수도로 삼고 인류 역사상 가장 특별한 황궁을 건설했다. 황궁의 서남쪽에 있는 사직단은 황제가 국태민안과 풍년을 기원하는 제사를 지냈던 곳이다. 사직단은 황제를 상징하는 황색토를 중심으로 동쪽은 청색, 서쪽은 백색, 남쪽은 적색, 북쪽은 흑색의 오색토로 꾸며져 있다. 오색토는 중국 대륙 동서남북의 대표적인 흙을 상징하는 것이기도 하고, 음양오행의 사상에 따라 천하의 모든 토지를 가리키기도 한다.

백색토의 고향은 대륙의 서쪽이다. 건조한 기후로 생겨난 사막이

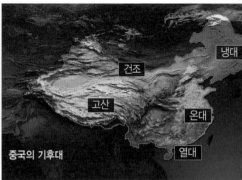

중국의 기후대

사직단의 오색토. 중국 대륙이 가진 다양한 지질과 기후는
다양한 산업의 발전과 다채로운 문화 발전의 토대가 되었다.

바로 이 백색토를 만들었다. 붉은 흙은 대륙 남부의 윈난 성이 본고
장이다. 고온다습한 기후와 강력한 풍화작용으로, 물에 분해가 잘 되
는 성분은 유실되고 산화된 철 성분만 토양 속에 남아 붉은빛을 띠
게 되었다. 검은 흙은 논농사가 발달한 중국 북부의 헤이룽장 성에서
나온 것이다. 이곳은 세 줄기 강이 합류하는 곳으로 많은 퇴적물이
쌓일 수밖에 없다. 이 때문에 유기물 분해가 더뎌졌으며 흙이 검은색
을 띠게 되었다.

이렇게 다양한 지형과 지질을 가진 중국 대륙은 기후대 또한 매우
다양하다. 냉대, 온대, 열대뿐만 아니라 고산 기후에서 사막을 만드
는 건조 기후까지 모두 가지고 있어서 그야말로 기후 백화점이다. 오
색토는 다양한 기후와 지형의 산물인데, 바로 이 때문에 오색토는 대

류 그 자체이며 중국인들의 단결을 의미한다.

**류웨이둥**
중국 지리학회 경제지리위원회 주임

중국의 다양한 기후와 견줄 수 있는 나라는 미국뿐입니다. 미국에는 열대부터 한대 기후까지 모두 있지만 고산 기후대는 없습니다. 미국이나 중국은 여러 기후대를 통해 다양한 산업과 다채로운 문화를 발전시킬 수 있습니다. 이것은 한 나라를 대국으로 발전시키는 필요조건입니다.

## 관광 대국으로의 성장

중국은 찬란한 문명을 꽃피운 나라로서 세계 최고의 관광 대국으로 성장할 가능성이 높은 나라다. 중국 내 관광지만 1만 5,000여 개에 달하며 이 중 50여 개의 지역이 세계문화유산, 세계자연유산, 세계복합유산으로 유네스코에 등록되어 있다. 또한 99개의 국립 역사문화성과 2,000여 개의 박물관을 가지고 있다. 무엇보다 중국은 천혜의 자연유산이 있다. 끝없는 평원부터 세계의 지붕까지, 메마른 사막에서 드넓은 원시림까지 지구의 거의 모든 지형과 지질을 다 갖추고 있다 해도 무리가 아니다.

쿤밍 시 외곽의 스린은 카르스트 지형이 연출하는 석회암이 장관을 이루며, 장자제는 기암괴석과 구름이 어우러진 선경으로 유명하다. 어디에서도 볼 수 없는 자연풍광과 정취는 중국을 관광 대국으로 만드는 데 손색이 없다. 실제로 중국을 찾는 관광객은 매년 기하급수적으로 늘어나고 있다. 중국 통계 전문기관인 아이리서치에 따르면 2013년 중국 온라인 렌터카 시장 규모는 전년 대비 69.5%의 성장세를 보이며 약 6,000억 원에 이르렀다.

**류웨이둥**
중국 지리학회 경제지리위원회 주임

중국은 다양하고 풍부한 자연 조건과 지리 조건 덕분에 발전 가능성이 많습니다. 다채로운 자연 조건을 지닌 국가가 그렇지 않은 국가보다 미래에 더 큰 잠재력을 가질 수 있습니다.

세계관광기구는 2020년에 중국이 세계 최대의 관광 국가로 성장할 것으로 전망했다. 이는 중국의 문화유산, 천혜의 자연풍광 등이 기반이 되어 있기에 가능한 일이다. 또한 중국 정부가 관광산업 육성

스린(石林) 유네스코 세계자연유산

장자제(張家界) 유네스코 세계자연유산

스린과 장자제같이 자연이 만들어낸 절경을 보기 위해 중국을 찾는 관광객이
해마다 증가하고 있으며, 이로 인해 중국의 관광산업은 빠르게 성장하고 있다.

에 적극적인 지원을 아끼지 않는 것도 큰 몫을 하고 있다. 중국 정부는 1992년에 관광산업이 3차 산업의 핵심임을 천명하고 이를 발전시키고자 숙박시설, 여행사, 전문 인력 양성에 투자해왔다.

관광산업은 '굴뚝 없는 산업'이라 불리며 국가 경제에 막대한 부가가치를 창출하는 서비스 산업이다. 기계로 대체가 가능한 다른 산업과 달리 인간의 노동력에 대한 의존도가 높아 일자리 창출에도 기여한다. 특히 중국의 경우에는 풍부한 관광자원을 가지고 있으나 아직 개발의 손길이 미치지 않는 빈곤 지역의 발전을 꾀할 수 있다. 이제 중국은 관광산업을 통해 산업 지형도를 변화시키고자 한다.

# 중국의 **미래 산업**을 책임질
# **막대한 자원**

---

## 전기 자동차의 핵심 광물,
## 희토류

중국은 짝수 해에는 베이징에서, 홀수 년에는 상하이에서 국제 모터쇼를 개최한다. 중국은 세계 최대의 자동차 시장이다. 베이징과 상하이의 모터쇼는 중국의 자동차 시장을 파악하고 세계 유행의 흐름을 읽는 데 아주 유용하다. 특히 상하이 국제 모터쇼는 중국 최고의 모터쇼로 이름이 나 있다. 2013년 상하이 국제 모터쇼는 세계 각국 자동차회사의 치열한 각축장이었다. 각 회사가 개발한 미래 자동차들이 화려한 자태를 선보였는데 가장 주목받은 것은 전기 자동차다.

전기 자동차는 석유 연료와 엔진 대신 전기 배터리와 전기 모터를 사용한다. 친환경적이고 에너지 효율성도 높다. 내연 기관이 없어 디자인에서 자유로우며 고장이 적은 편이다. 사고 시 폭발의 위험성이 적은 것도 큰 장점 중 하나다. 이것이 많은 기업이 전기 자동차 개발에 투자를 아끼지 않는 이유다.

중국 정부 역시 저탄소 전기차의 발전을 추진하고 있으며 중국 기업은 연구개발과 제품 생산에 박차를 가하고 있다. 그 결과 중국은 2013년 상하이 국제 모터쇼에서도 다양한 전기 자동차 모델을 선보였는데 자신감이 남달랐다. 중국 정부의 자신감에는 근거가 있다.

전기 자동차의 핵심은 축전지다. 축전지는 전력을 비축하는 전지로 전기 자동차를 움직이는 동력이다. 축전지 생산에는 비철금속 광물인 '희토류'를 사용하는데 희토류는 희귀한 광물이라 해서 붙여진

전기 자동차의 핵심인 축전지에는 희토류라는 광물이 반드시 필요한데
중국은 희토류 생산을 거의 독점하고 있다.

이름이다. 전기 자동차의 축전지뿐만 아니라 LCD, LED나 풍력, 태양광 발전에 필수적인 광물이기도 하다. 현대 산업뿐 아니라 미래 핵심 산업에서도 없어서는 안 될 매우 중요한 광물이다.

지구 상에는 15가지가 넘는 희토류가 존재하는데, 중국은 이 모든 종류의 희토류를 다 가지고 있다. 매장량도 8,900만 톤으로 압도적이다. 중국이 전 세계 23%의 매장량을 보유하고 있으며 나머지는 인도, 호주, 미국, 브라질이 가지고 있다. 생산량 측면에서도 중국을 따라잡지 못한다. 희토류는 채굴부터 추출 분리하는 과정이 상당히 어렵고 복잡하며 많은 노동력을 필요로 한다. 이 때문에 웬만한 나라에서는 개발부터 생산까지 쉽게 하지 못한다. 중국은 전 세계 희토류 생산량의 95%를 차지한 적이 있을 정도로 사실상 희토류 생산을 거의 독점하고 있는 상황이다.

역대 중국 지도자들은 희토류에 특별한 관심을 보여왔다. 덩샤오핑은 "중동에는 석유가 있고 중국에는 희토류가 있다"고 했고 장쩌민은 "희토류 개발을 잘 추진하여 자원의 우위를 경제적 우위로 변화시켜야 한다"고 말했다. 그들은 이미 희토류를 중국 최고의 자원으로 인식했던 것이다.

희토류는 때로는 전략적인 무기로 활용되기도 한다. 지난 2010년 중국과 일본의 선박이 충돌하는 사건으로 중국의 선장이 일본에 억류된 적이 있다. 그러자 중국은 희토류 금수 조치를 취해버렸다. 그

"희토류 개발을 잘 추진하여
자원의 우위를 경제적 우위로 변환시켜야 한다."
- 장쩌민 -

"중동에는 석유가 있고 중국에는 희토류가 있다."
- 덩샤오핑 -

중국의 역대 지도자들은 희토류의 중요성을 인식하고 특별한 관심을 보였다.

결과 일본은 백기를 들었다. 희토류는 전자제품 선진국인 일본에서
없으면 안 되는 주요한 광물이기 때문이다.

**천위환**
중국지질과학원 과학기술위원회 주임

자원의 무기화는 국가안보 차원에서 출발합니다. 국가안보상의 필
요와 국제 정치 상황에 따라 고려하는 겁니다.

중국은 희토류 외에도 많은 자원을 보유한 국가다. 중국 각지에서
생산하는 광물을 연구하고 분석하는 중국지질과학원은 2011년을 기

준으로 172종의 광물을 다루었다. 그런데 더 놀라운 사실은 아직도 얼마나 더 다양하고 많은 광물이 매장되어 있는지 파악조차 끝내지 못했다는 것이다.

## 타미플루의 원료인
## 팔각향

2014년 10월 한국 평창에서 '생물 자원과 생태계 보전에 대한 국제회의'가 열렸다. 전 세계적으로 위기에 처한 생물자원과 생태계를 어떻게 지켜낼 것인가를 두고 열띤 토의가 이어진 끝에 '나고야 의정서'의 발효가 결정됐다.

국제 사회는 "생물의 다양성 보존, 지속 가능한 이용, 유전자원의 이용에서 발생하는 이익의 공유"를 통해 생물다양성협약을 이루고자 한다. 나고야 의정서는 이 중에서도 "유전자원의 이용에서 발생하는 이익의 공유"를 효율적으로 이행하기 위해 만든 것이다. 생물유전자원을 이용하려는 국가는 이익이 발생하면 이를 제공한 국가와 공유해야 한다는 것이 주요 내용이다.

나고야 의정서는 생물유전자원을 제공하는 국가와 이용하는 국가 사이에 법적인 확실성과 투명성을 제공하는 효과가 있으며, 생물유전자원을 제공하는 국가는 더 많은 이익을 볼 수 있다. 이러한 측면에서 나고야 의정서는 중국에 유리하게 작용할 가능성이 높다. 중국은 세계 3대 생물다양성 국가 중 하나이기 때문이다.

**브라울리우 페헤이라 지소자 지아스**
유엔 생물다양성협약 사무총장

나고야 의정서는 삼림과 생태계를 유지하는 데 도움을 주는 지역사회와 기관에 이익을 주려는 겁니다. 그러면 그들은 계속해서 지역 생태계를 보호할 겁니다. 일종의 보상이죠. 나고야 의정서 발효로 생물자원이 풍부한 나라는 더 이익을 보게 됩니다.

**타미플루의 핵심 약재인 팔각향은 중국이 80%를 공급한다.**

중국에서 생물유전자원을 대표하는 것으로 '팔각향'이 있다. 팔각향은 별모양으로 생겼으며 독특한 향기를 내서 중국 요리의 향신료로 사용되어왔다. 그런데 최근 팔각향이 더욱 각광받고 있다. 인플루엔자 치료제인 타미플루의 핵심 원료로 사용되기 때문인데, 팔각향은 전 세계의 80%를 중국이 공급하고 있다.

그동안 중국은 대륙이 제공하는 풍부한 자원을 바탕으로 그야말로 광속으로 경제성장을 이룩했다. 그런데도 경제적 가치가 높은 생물자원이 얼마나 더 있는지 알 수조차 없을 만큼 풍부하다. 중국은 계속해서 자원을 발굴하고 개발해나갈 것이며, 새로운 자원을 개발할 때마다 높은 수준의 경제적 가치를 가질 수 있을 것이다. 중국은 자원에서도 아직 어마어마한 가능성을 품고 있는 나라다.

## 중국 자원에
## 주목해야 하는 이유

중국 대륙은 인간이 문명 생활을 영위하는 데 필요한 것 중에서 산출되지 않는 것이 거의 없을 정도로 다양하고 많은 자원을 보유하고 있다. 특히 현대 산업의 비타민이라 할 수 있는 희귀 금속의 생산량이 압도적이다. 미래 산업의 핵심 광물인 안티모니는 전 세계의 80%를 점하고 있다. 깊은 산 속에 외부인의 출입이 철저하게 통제된 시쾅산 광산만 해도 100년 전에 조성하여 지금까지 계속 채굴해왔는데도 아직 200만 톤 이상이 매장되어 있는 것으로 알려졌다. 안티모니는 은백색의 금속으로 페트를 제조할 때 촉매제로 사용하며 반도체, 탄약, 방화제, 안료 등에 없어서는 안 될 중요한 자원이다.

현재 중국이 보유하고 있는 세계 1위 광물자원은 무려 10종이나 된다. 이는 곧 중국이 가격 결정권과 공급권을 가지고 있다는 뜻이다. 안티모니 역시 마찬가지다. 중국이 안티모니를 어떻게 공급하느냐에 따라 세계 광물 시장은 물론이고 미래 산업의 향방까지 달라진다.

**강준영**
한국외국어대학교 중국학과 교수

지금 우리가 중국의 자원을 주목하는 가장 큰 이유는 과거에는 여러 가지 요인으로 개발하거나 사용하지 못했던 자원을 경제가 성장하면서 사용하기 시작했다는 겁니다. 이로 인해 새로운 형태의 경제 효과를 창출해냈으며 그것이 곧 국가의 힘으로 연결된다는 것이 핵심입니다. 자원을 경제적, 정치적으로 연결하며 명실상부한 세계 강대국으로서 기초를 닦고 있죠. 이런 차원에서 우리는 중국의 자원에 좀 더 주목할 필요가 있습니다.

| 이 름 | 원소기호 |
|---|---|
| 바나듐 | $V_{23}$ |
| 희토류 | $Sc_{21}$ 등 |
| 비스무트 | $Bi_{83}$ |
| 안티모니 | $Sb_{51}$ |
| 티타늄 | $Ti_{22}$ |
| 몰리브덴 | $Mo_{42}$ |
| 주 석 | $Sn_{50}$ |
| 텅스텐 | $W_{74}$ |
| 흑 연 | $C_6$ |
| 중정석 | $Ba_{56}$ |

중국의 세계 1위 광물자원

출처: 중국지질과학원

중국이 보유하고 있는 세계 1위의 광물자원이 10종이나 된다.

중국은 석유 매장 국가이기도 하다. 석유는 현대 문명 그 자체라고 할 정도로 인류에게 없어서는 안 될 중요한 자원이다. 그래서 세계는 전체 석유 매장량의 절반 이상을 가지고 있는 중동에 관심을 기울이고 석유가 많은 지역에서는 석유를 둘러싼 내전이 일어나기도 한다. 아시아태평양 지역은 세계 전체 석유 매장량의 극히 일부만 가지고 있는데, 그 대부분이 중국에 있다. 미국 중앙정보국 CIA에서 발표한 자료에 따르면 중국은 2012년에 세계 석유 매장량 순위에서 14위를 차지했다. 남중국해에는 중동에 버금가는 양의 원유가 있다는 보고도 있어서 중국은 앞으로 산유국으로 그 기세를 떨칠 확률이 높다.

# 물류 혁명으로
# 변화하는 대륙

**종합적인**

**산업 포트폴리오를 갖춘 나라**

2014년을 기준으로 중국의 GDP

는 10조 3,553억 5,000만 달러로 미국에 이어 세계 2위를 기록했다.

하지만 1인당 국민소득은 7,572달러로 80위에 머물러 있다. 1인당

국민소득은 GNP(국민총생산)에서 인구수를 나누어 산출한다. 13억

5,000명이라는 인구로 GNP를 나누다 보니 1인당 국민소득의 평균

수치가 낮을 수밖에 없다. 말 그대로 1인당 국민소득은 어디까지나

평균 수치에 불과하다. 그래서 1인당 국민소득만 봐서는 모든 국민

이 동등한 소득 증가 효과를 누린다고 볼 수 없다.

덩샤오핑이 1978년 개혁개방 정책을 시작할 때만 해도 중국의 1인

당 국민소득은 겨우 190달러에 불과했다. 당시 한국뿐 아니라 대만, 홍콩 등의 아시아 국가들은 빠르게 경제성장을 이루고 있었다. 이에 비해 중국은 성장세를 보이기는 했지만 성장률이 아주 미미한 수준 이었다. 이 시기에 덩샤오핑은 국가의 비전을 '가난으로부터 구하는 것'으로 잡았다. 실제로 그는 "가난이 공산주의는 아니다"는 구호를 내세우며 실용주의적 경제 정책을 채택했다.

덩샤오핑의 실용주의적 경제 정책에서 주목할 만한 것은 3단계 중국 경제 발전론인 '삼보주三步走 전략'이다. 이것은 "온포溫飽 → 소강 小康 → 대동大同"이라는 발전 단계다. 온포는 기본 의식주를 해결하는 단계, 소강은 생활 수준을 중산층 이상으로 끌어올려 중국을 중진국 으로 거듭나게 하는 단계, 대동은 개인소득 1만 달러 이상의 선진 사회 단계를 뜻한다. 이는 경제성장을 이룬 다음에야 복지도 있다는 그의 생각을 잘 대변한다. 실제로 그의 성장론은 '선부론'에 기초하였다. 성장이냐 분배냐 하는 논쟁에서 우선순위를 '성장'으로 잡은 것 이다.

경제 발전을 위해 가장 처음 한 일은 1980년 8월에 광둥 성의 선전, 주하이, 산터우, 푸젠 성의 샤먼, 하이난 등 남동해안을 따라 위치한 도시에 경제특구를 설치한 것이었다. 경제특구는 특정한 지역의 경제 발전을 국가나 지역의 주도하에 꾀하는 것으로, 민간업체의 자발적인 성장보다 계획적이면서도 체계적으로 빠른 성장을 유도한다.

하지만 중국 정부는 '남동해안 경제특구' 지역을 빠르게 변화시키기보다 단계별로 하나씩 바꾸어나갔다. 남동해안 경제특구로 지정된 도시마다 각 지역의 실정에 맞는 경제 정책을 시행하여 지역별 특화를 시도했다.

그 결과 남동해안 경제특구는 중국의 경제 발전에 새로운 모델을 제시하며 점차 경제특구 지역을 넓혀가는 성과를 냈다. 1984년에는 14개 연해 대외개방 항구 도시, 1985년에는 3개 연해 삼각주 경제개방구, 1993년에는 상하이 푸둥 신구, 2009년에는 톈진 빈하이 신구와 광둥 주하이 헝친 신구를 대외 경제개방구로 지정했다.

이 과정에서 중국은 수출주도형 가공업과 제조업을 발전시켰으며, 연해 지역에 형성된 대외무역 지대와 결합해 세계 기업이 중국에 공장을 지을 수 있도록 유도했다. 지역의 낙후된 시설을 극복하고 해외 자금을 끌어들이는 방법으로는 다분히 성공적이었다. 중국 정부는 3개 연해 지역의 발전을 꾀할 때부터 서부 내륙 지역의 발전까지 유도해 균형적인 발전을 이루겠다는 의지가 있었다.

한 나라의 산업 구조는 그 발전 단계에 따라, 또는 비교우위에 의해 몇 가지 분야에 집중되는 것이 일반적인 경향이다. 하지만 중국은 다르다. 북방 지역은 농업 생산, 동부 연해 지역은 제조업, 서부 지역은 에너지 산업, 남방 지역은 세계자연유산으로 등재된 기묘한 지형으로 인해 3차 산업인 관광산업의 발전을 가져왔다. 지역별로 다양

베이다황 헤이룽장성

**중국은 지역별로 농업, 에너지 산업, 제조업, 관광업이 고르게 발달하여
종합적인 산업 포트폴리오를 갖추고 있다.**

한 산업이 고르게 발전한 것이다. 이로써 중국 대륙은 진정한 패권
국가에 요구되는 자급 시스템을 갖추는 데 전혀 부족함이 없는 종합
적인 산업 포트폴리오를 꾸린 셈이다.

## 하나로 이어지는
## 대륙

중국은 전체 1만 8,000km의 해안선을 따라 위치한 연안 지역을 큰 경제권으로 묶으려는 거대한 시도를 하고 있다. 그중 하나가 대형 교량을 건설해 연안 경제권을 직접

중국은 연안 경제권을 하나로 연결하기 위해 대규모 자본을 투입하여
대형 교량과 해저터널 건설을 추진하고 있다.

연결하는 것이다. 2011년에 개통된 자오저우만 대교는 총연장 35km로 약 1조 7,500억 원이 투입된 초대형 토목공사였다. 2016년에 개통 예정인 강주아오 대교는 총연장 50km로 홍콩과 마카오, 주하이를 하나로 연결하는 교량이다. 홍콩의 금융, 대륙의 제조업, 마카오의 관광을 하나로 묶겠다는 중국 정부의 의도가 대형 교량 건설을 꾀하게 했다.

**왕더룽**
중국교통운수협회 부회장

중국 동부는 인구가 밀집되어 있고 경제가 빠르게 발전하는 지역이므로 지역 간의 교류를 포함한 경제 교류가 필요합니다. 바다를 건너가는 데 가까운 섬은 터널이나 대교를 건설하는 것이 필요합니다.

중국 대륙은 960만km²로 러시아, 캐나다, 미국에 이어 세계에서 네 번째로 넓다. 이 넓은 땅을 하나로 묶어 경제성장에 박차를 가하자면 더 빠른 교통편이 필요하다. 하지만 대교 건설에 들어가는 비용은 어마어마하며 그에 따른 위험이 만만치 않다. 1조 7,500억 원이나 들인 자오저우만 대교는 이용하는 차량이 많지 않아 출퇴근 시간조차 한적한 편이다. 왕복 통행료가 약 2만 8,000원으로 웬만한 시민이 이용하기에 무리가 따른다. 하지만 중국은 아랑곳하지 않는다. 인프라 구축을 위한 초대형 토목공사를 계속 진행 중이다.

이 중에는 랴오닝 성 뤼순과 산둥 성 펑라이를 연결하는 해저터널이 있다. 바로 보하이만 해저터널이다. 중국 정부가 야심 차게 계획한 이 해저터널이 완공된다면 2,000km의 거리를 단 120km로 단축하게 될 것이다. 이를 가능하게 하는 것은 중국 정부의 강력한 자본력이다. 중국 정부는 대륙을 하나로 이어 지역 간의 교류가 활발해지도록 청사진을 만들고 있다. 이제 그 청사진은 내륙 깊숙한 곳까지 향하고 있다.

티베트 고원에서 발원하여 대륙을 적시며 흐르는 양쯔강은 400개가 넘는 지류를 거느린 거대한 강이다. 중국 인구의 3분의 1을 품고 있는 그야말로 대륙의 젖줄이다. 중국은 이 거대한 강을 가로막아 싼샤 댐을 건설했다. 지구의 축을 바꿀지도 모른다는 우려가 일 만큼 어마어마한 규모의 싼샤 댐은 내륙 개발 의지를 담은 또 하나의 야심작이다. 실제로 싼샤 댐 완공으로 5,000톤급 컨테이너 선박이 바다에서 2,000km 이상 떨어져 있는 충칭까지 뱃길 운항이 가능해졌다.

**류웨이둥**
중국 지리학회 경제지리위원회 주임

양쯔강의 황금 뱃길은 중국의 동부와 서부 경제를 연결하는 큰 고리입니다. 5,000톤이 넘는 배가 양쯔강에서 충칭까지 운항할 수 있으며 이것은 중국의 운수 업계에 큰 이익을 가져다줍니다.

싼샤 댐을 넘어서면 거대 도시 충칭을 만나게 된다. 충칭은 인구 약 3,000만의 중국 최대 도시로 양쯔강 물류의 주요 기착지다. 그런데 놀라운 사실은 바다로부터 수천 킬로미터 떨어진 내륙 깊숙한 곳에 위치한 이곳에 웬만한 바다 항구와 맞먹을 정도의 대규모 컨테이

싼샤 댐 건설로 황금 뱃길이 열려 컨테이너 선박이
서부 도시인 충칭까지 운항할 수 있게 되었다.

너 부두가 운영 중이라는 것이다.

중국은 해안에서 내륙까지 경제 교류의 길을 넓히고 있다. 그야말로 신실크로드다. 막대한 자금이 투입된 만큼 위험부담이 큰 것도 사실이지만 이미 경제적 성과를 보이고 있다. 충칭만 하더라도 글로벌 자동차 기업이 들어와 있고, 한국의 자동차 공장도 2015년에 착공할 예정이다. 중국 정부가 이곳을 신구로 지정하는 등 강력한 개발 의지를 보이고 있어 앞으로의 발전이 더 기대된다.

**강준영**
한국외국어대학교 중국학과 교수

종합 클러스터라고 하죠. 공장 지대와 시장이 한곳에 모여 있는 형태의 개발지가 되었기 때문에 상당한 성과를 올렸습니다. 실제로 신구 지정 이후 GDP가 두 배 이상 높아진 것으로 통계가 나와 있습니다.

## 연안을 중심으로 한
## 제조업의 성장

대륙이 제공하는 풍부한 자원을 바탕으로 중국은 그야말로 광속의 경제성장을 이룩했다. 특히 연안

**세계 10대 항만 중 7개가 중국 연안에 몰려 있다.**

을 중심으로 한 제조업의 발전은 중국의 1,000년을 단 몇 년으로 압축한 것과 같은 역할을 했다.

3대 연안 권역 중 하나인 양쯔강 삼각주는 경제 발전의 핵심이 되었다. 자동차를 비롯한 다양한 제조업과 냉장고, 에어컨, 세탁기, TV 등의 가전 산업, 화장품, 생필품 등 거의 모든 분야에서 발전을 이루어냈다. 중국은 제조업의 성장을 바탕으로 세계의 공장으로 일컬어지면서 세계 제1의 수출 대국으로 발돋움했다. 이제 중국이 없는 세계 무역은 상상조차 할 수 없을 지경이다. 컨테이너 처리 실적을 기준으로 세계 10대 항구 가운데 7개가 중국 연안에 몰려 있어 무역 대국인 중국의 힘을 보여주고 있다.

**김진호**
단국대학교 국제관계학 교수

중국 연해 지역의 경제는 사실 한국의 경제 수준과 거의 비슷하게 올라왔습니다. 특히 상하이나 광둥 지역은 서울과 비슷한 수준을 유지하고 있습니다.

## 서부로 확장되는
## 경제성장 효과

중국은 23성, 5자치구, 4직할시, 2특별행정구(홍콩, 마카오)의 행정구역으로 되어 있다. 이 중 동부 지역에 속하는 베이징과 상하이는 다른 지역에 비해 빠르게 경제성장을 이루어냈고, 다른 지역과의 경제적 격차가 몹시 큰 편이었다. 하지만 근래 들어 중서부 지역이 빠르게 성장하고 있으며, 2010년에는 이미 남동해안의 광둥 성을 뛰어넘는 소득 수준을 기록했다. 특히 서부 지역의 에너지 산업은 주목할 만하다. 최근 중국 경제는 고속성장하고 있지만 아직은 중화학공업이 발전하는 단계다. 당연히 에너지 소비가 많을 수밖에 없으며 이를 감당하기 위해 중국 정부는 에너지 산업에 대규모 투자를 감행했다.

일명 '서부 대개발'로 불리는 이 계획이 진행된 이유는 네 가지다. 첫째, 서부는 내륙의 중심이자 유라시아 대륙의 중심에 자리 잡고 있다. 서부는 교통과 정보 교류의 허브일 뿐 아니라 서부, 동부, 중부를 잇는 다리 역할을 한다. 둘째, 동부 연해 지역의 비용 증가로 비교적 비용을 줄일 수 있는 서부로 산업이 이전되었다. 셋째, 서부는 황허 문명의 중요 발상지로 화려했던 고대 실크로드의 기점이다. 풍부한 문화유산은 관광산업 육성에도 유리하다. 넷째, 서부의 성장을 꾀함으로써 경제성장에 따른 지역 간의 빈부격차를 줄일 수 있다.

**비외른 콘라트**
독일 메릭스 연구소 연구원

중국이 서부 도시를 개발하려는 이유는 여러 지역 간의 경제적 능력이나 수입, 생활 수준의 차이가 크기 때문입니다. 경제적 차이로 인해 생기는 균열을 막고 사회적 안정을 확보하는 것이 목적입니다.

중국이 유서 깊은 역사의 도시 시안을 IT 산업의 중심지로 탈바꿈시킨 것도 이 같은 맥락이다. 시안은 글로벌 기업의 투자 각축장으로 거듭나고 있다. 한국의 삼성전자도 시안에 7조 원이 넘는 금액을 투자해 반도체 공장을 준공했다. 중국 정부는 시안을 거점으로 서부를

삼성전자 시안 반도체공장 준공식 2014년 5월 9일

서부 대개발로 병마용갱의 도시 시안에 글로벌 기업들의 투자가 이어지고 있다.

발전시킬 계획을 세웠다. 그 결과 서쪽 끝에 위치한 란저우에 중국의
유명 자동차회사를 비롯하여 수많은 민간기업이 입주하는 성과를
이루었다. 또한 금융, 상업, 교통의 중심지로 변신을 꾀하는 중이다.

**옌위**
중국 베이징대학교 정부관리연구센터 주임

우리는 대형 제조업 공장과 부가가치가 높은 제품의 생산기지를 단
계적으로 서부로 옮기려 합니다. 실크로드 벨트로 옮기려 하는 것이
죠. 이것이 중국의 지속적인 발전을 위한 새로운 동력이 되기를 기
대합니다. 신실크로드 개발은 경제 발전을 위해 필요하고 중국 경제
발전의 방향이기도 합니다.

란저우는 오랫동안 변방에 있는 낙후된 도시에 불과했다. 하지만 2012년 중국은 란저우를 국가급신구로 지정했다. 국가급신구로 지정되면 국가의 전략적 발전을 위해 각종 우대 정책으로 혜택을 받는다. 중국 정부는 란저우 개발을 통해 서부 대개발의 정점을 찍었다. 중국 연안 중심의 경제성장 효과를 대륙의 서쪽으로 확장하고자 하는 중국 정부의 계획은 어느 정도 성공적이다.

하지만 이에 따른 부작용도 있다. 연해 지역에서 내륙 지방으로 많은 산업이 이전되는 데 대해 중국 언론은 환경오염 문제를 우려한다.

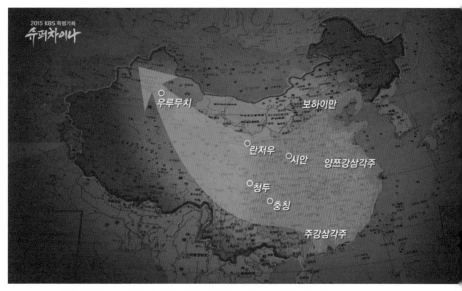

중국 정부의 서부 대개발 계획은 동부 연안 중심의 경제성장 효과를
서쪽으로 확장하는 역할을 한다.

이전하는 기업 중에 오염 유발이 심한 업종이 많은 데다 연해 지역보다 생태환경 보호구역이 많기 때문이다. 또한 아직 민간 경제의 투자 유치보다 정부 투자가 주도하고 있기에 지속적인 성장에 한계가올 수도 있다.

중국 정부는 경제 개혁 정책을 특정한 지역에 국한하지 않고 중국 전역으로 확대하며 지역 간의 빈부격차를 줄이는 데 집중하고 있다. 이것이 가능한 이유는 중국 정부가 강력한 중앙집권적 권력을 행사할 수 있기 때문이다. 중국 정부는 나라 전체의 균형 발전을 꾀하며그에 따른 포트폴리오를 구성하고 있다.

# 교통 혁명으로 넓어지는
# 중국의 경제권

<br>

### 고속도로를 따라 확산되는
### 농촌의 도시화

중국의 변신은 길을 만들어나가는 데서 특히 두드러진다. 시안이 IT 산업의 중심지가 될 수 있었던 배경에는 고속철도의 연결이 있었다. 고속철도는 시안에서 베이징까지 12시간이 걸리는 거리를 단 5시간으로 축소해버렸다. 중국이 추진하는 또 하나의 교통 인프라로는 고속도로가 있다.

**후안강**
중국 칭화대학교 공공관리학원 교수

현재 농촌의 고속도로는 수백만 킬로미터까지 건설됐습니다. 도로
총연장을 계산해보면 미국이 대략 650만km이고 중국은 모두 합해
서 450만km입니다. 중국의 도로망은 10년 안에 미국을 따라잡을 것
이고, 농촌의 고속도로가 그중 큰 부분을 차지할 겁니다. 도로의 포
장률도 거의 97.4%인데 이는 매우 대단한 겁니다. 그 어떤 개발도상
국에서도 실행하지 못한 일입니다.

　중국 전역을 마치 거미줄처럼 연결하는 수백만 킬로미터의 고속
도로는 주요 거점 도시뿐 아니라 농촌에도 경제성장의 활기를 불어
넣는다. 대표적인 예로 간쑤 성 린샤 현은 전형적인 농촌에 불과했지
만, 지금은 대형 병원과 학교가 들어선 발전된 도시로 변모했다. 이
제는 농촌 주민도 도시민과 비슷한 수준의 서비스를 받게 되었으며
삶의 질이 높아졌다. 농촌 주민들이 고향을 떠나지 않고서도 살 수
있게 하는 긍정적인 효과도 있다.

## 국경 무역의 중심이 된
## 카스

중국의 가장 서쪽 끝에는 신장웨이우얼 자치구의 카스가 있다. 카스는 베이징과 3시간 이상 시차가 날 정도로 아주 먼 곳에 있는 도시다. 이곳의 인구 90%는 위구르족으로 대부분 이슬람교도이며 고유의 전통을 지키며 살아간다.

실크로드 시대에 교역의 중심지였던 카스는 동서 문명의 교차로였다. 인종과 종교와 문화가 확연히 다른 위구르족은 끊임없이 독립을 요구하며 중국 정부와 긴장관계를 유지해왔다. 하지만 최근 들어 카스도 변모하기 시작했다. 중국 정부의 힘이 이곳을 지배하기 시작한 것이다.

카스의 서쪽은 군사 지역으로 오랫동안 엄격히 통제되어왔다. 이곳은 소수의 유목민만이 살아가던 오지 중의 오지였다. 그런데 2013년에 200km 남짓한 길이의 고속도로가 개통되면서 국경 무역로로 탈바꿈했다. 이 길을 통해 중앙아시아 국가들과의 교역에 활기를 되찾았다. 국경을 통과하는 트럭만도 한해 3만 5,000여 대에 달하며 4만 명 이상 인적 교류도 이루어진다. 고속도로 끝에 위치한 이얼커스탄 국경 세관에서는 2013년 한 해만 약 2조 2,000억 원의 무역이 성사되었다. 이 모든 일을 가능하게 한 것은 거미줄처럼 구석구석 퍼져 있는 고속도로의 힘이다.

고속도로 개통으로 소수 유목민이 살던 카스는 교역의 활기를 되찾았다.

## 중국과 러시아를 연결하는
## 푸위안

중국 대륙의 동쪽 끝에는 푸위안이라는 도시가 있다. 푸위안 역시 변화의 바람 속에서 변신을 꾀하고 있다. 최근 이곳에 비행장이 들어섰기 때문이다. 중국 정부가 인구 12만이 살고 있는 이 작은 도시에 약 600억 원이나 들여 비행장을 건설한 이유는 고속철도보다 효율적이라는 판단 때문이다. 그렇다고 철도가 없는 것은 아니다. 2011년에 이미 철도가 개통되었으며 푸위안 국제 여객터미널도 운영 중이다. 그야말로 교통의 중심지로 손색이 없다.

중국 정부가 이곳에 공을 들이는 이유는 중국 대륙의 동쪽이 러시아의 접경 지역이기 때문이다. 러시아인은 푸위안 국제 여객터미널을 통해 중국으로 들어와 여행과 쇼핑을 즐긴다. 한해 약 30만 명이 이곳으로 입국한다. 밀려드는 러시아인들로 인해 푸위안에는 러시아 거리가 생겼고 덕분에 지역 상권은 활기를 띠게 되었다. 이제 이 작은 국경 도시는 중국과 러시아의 교류와 협력의 장으로 거듭났다. 이곳을 통한 국경 무역은 해마다 큰 폭으로 늘고 있다.

현대 중 · 러지역 경제연구원 쑹쿠이 원장은 "앞으로 철도, 항공, 수로를 통해 하얼빈에서 극동 지역의 요지이며 정보와 행정의 중심인 하바롭스크까지 연결될 것"이라고 한다. 그로 인해 푸위안은

푸위안에 생긴 러시아 거리와 러시아 이름의 간판

중·러의 큰 물류 통로가 될 것이고 이곳을 통해 무역과 교류, 동북
아 지역의 협력이 더욱 편리해질 것이라고 전망한다.

### 개발 열풍이 만든
### 귀신 도시

중국 정부가 야심 차게 추진 중인
도시화는 중국 경제권의 덩치를 끊임없이 키운다. 연해에서 시작해
충칭, 청두, 시안을 찍은 서부 대개발은 이제 실크로드 깊숙이 란저
우와 우루무치까지 확장하고 있다. 2014년 말에 완공한 란신 고속철
은 실크로드 개발의 중추가 될 전망이다. 현 지도부가 추진 중인 수

출에서 내수로의 경제 발전 방식의 전환은 도시화가 가장 큰 동력이 될 것이다. 이를 위해 서부 도시 개발과 함께 농촌 거점 지역에 도시 기반시설을 확충하는 사업을 활발히 전개하고 있다.

서부로 그리고 농촌 지역으로 개발 바람이 뜨겁게 불고 있지만, 지방 정부의 지나친 의욕 때문에 이른바 '귀신 도시'가 양산되는 문제도 나타난다. 현재 중국 전역에는 10개가 넘는 귀신 도시가 있다. 이에 따른 지방 정부의 빚은 3,500조 원이 넘을 것으로 추산된다.

**케리 브라운**
호주 시드니대학교 중국학연구센터 소장

중국이 지속 가능한 경제를 이루는 것이 중국은 물론 다른 나라에도 매우 중요합니다. 지방 부채 문제를 어떻게 해결할지가 관건입니다.

상황이 이러한데도 중국 정부의 농촌 개발 의지는 흔들리지 않는다. 마치 대륙 전체를 도시화하기 위해 전력을 다하고 있는 것처럼 보이기까지 한다. 중국이 이렇게 도시화에 매달리는 이유는 이를 통해 내수 확대는 물론 중국의 농업 생산 위기를 방지하기 위한 목적도 있다. 중국의 농업은 2차, 3차 산업에 비해 활기를 잃었고 농촌 주민은 일자리를 찾아 농촌을 떠나갔다. 이제 중국은 농촌 문제를 해결

대규모 미분양 사태로 아파트가 통째로 비어 있는 귀신 도시가 10개가 넘는다.

하기 위해 농촌의 현대화를 적극적으로 추진하고 있다.

**후싱더우**
중국 베이징이공대학교 교수

농촌을 도시화하면 농업 생산의 위기를 방지할 수 있습니다. 게다가
모든 농촌 인구가 도시로 옮겨가는 것은 불가능합니다. 중국은 도시
개발과 농촌의 현대화, 이 두 가지를 함께 추진해야 합니다.

# 신실크로드의
# 구축

## 일대일로
## 프로젝트

일명 비단길로 일컬어지는 실크로드는 고대 중국과 서역 각국 간에 비단을 비롯해 다양한 물품을 팔고 사기 위해 만들어진 교통로다. 이 길은 중국 중원 지방에서 시작하여 중앙아시아의 초원, 이란의 고원을 지나 지중해의 동안과 북안까지 이어졌다. 실크로드가 처음 열린 것은 BC 206년에서 AD 25년 사이이다. 한 무제는 중국 북방 변경 지대를 위협하는 흉노를 제압하고 서아시아로 통하는 교통로를 확보하고자 했다. 그렇게 만들어진 실크로드는 고대 중국과 서역 각국 간에 무역뿐 아니라 정치, 경제, 문화 교류까지 가능하게 했다. 오늘날의 중국 역시 과거 실크로드의 영광을 재현하려 그 꿈을 드러내고 있다.

2013년 9월 시진핑 주석은 중앙아시아를 순방하며 '실크로드 경제 벨트'를 제안했다. 실크로드 경제 벨트 구축을 제안하기 이전에 중국은 이미 '중국-중동유럽협력회의'를 만들어 경제 교류를 확대하고 있었고, 실크로드 경제 벨트를 2014년 중국의 6대 주요 과제 중 하나로 채택하고 정부 차원에서 추진해왔다. 중국은 실크로드 경제 벨트를 통해 중국의 경제력을 높일 뿐 아니라 주변국과의 관계를 공고히 하고 정치적으로 상호 신뢰를 쌓기를 바란다.

고대 실크로드는 육로뿐 아니라 바다에도 있었다. 육로와 바다를 자유롭게 다니며 물류 교역에 그치지 않고 문화 교류도 활발하게 펼쳤다. 마찬가지로 오늘날 중국의 실크로드 경제 벨트에도 해상 실크로드 건설이 계획되어 있다. 이를 증명하듯 시진핑 주석은 2013년 10월 인도네시아 의회 연설에서 새로운 '21세기 해상 실크로드'의 건설을 역설하기도 했다.

중국이 계획하는 새로운 실크로드는 하나의 띠와 하나의 길을 의미하는 '일대일로一帶一路' 전략으로 구성된다. 여기서 하나의 띠는 실크로드 경제 벨트를 지칭한다. 중국 내륙에서 시작해 서쪽으로 중앙아시아를 거쳐 러시아와 독일까지 잇는 프로젝트인데, 철도는 이미 구축되어 있다. 하나의 길은 21세기 해상 실크로드를 지칭한다. 600년 전 명나라의 정화가 일곱 차례에 걸쳐 남해 대원정을 했듯이 해

중국-유럽 국제화물열차 노선

중국-유럽 국제화물열차 노선

중국에서 출발한 화물이 중앙아시아를 거쳐 유럽까지 운반할 수 있는 철도가
이미 개통된 상태다.

상 실크로드를 개척하고자 한다. 중국이 개척하려는 바닷길은 남중국해에서 인도양, 아프리카까지 이른다.

중국은 육로와 해상을 모두 하나의 띠와 하나의 길로 연결하고자 한다. 이러한 측면에서 일대일로는 중국이 구상한 종합적인 청사진이며 앞으로도 지속해서 추진할 사업이다. 일대일로를 구축하기 위해 중국은 주변 국가와의 관계를 공고히 하고 동서로 뻗어 나갈 준비를 하고 있다. 이는 필연적으로 상상을 초월한 투자로 이어지므로 과잉 투자가 우려된다. 하지만 일대일로는 육지와 해상의 다양한 권리 확보와 교통기반 건설 등을 포괄하고 있으며, 아시아 경제권을 서로 연결하고 정책 소통, 무역 신장, 자금 융통 등에서 상호 협력을 강화하려는 분명한 목적이 있다. 확고한 목적은 중국 정부가 추진력 있게 일대일로를 진행하는 힘이기도 하다.

## 세계로 뻗어 나가는
## 중국의 고속철도 산업

중국에 있는 사람이 미국에 있는 회사에 취직해 일하더라도 전혀 이상할 것이 없는 세상이다. 통신망의 발달로 세계는 점차 좁아졌으며, 어느 지역에 사는지는 그다지 중요하지 않다. 이제 세계는 물리적 거리 이상의 거리를 추구하는 것처럼 보인다. 하지만 여전히 물리적 거리는 중요하다. 그것이 기반이 되어야 경제, 정치, 문화의 발전이 가속화될 수 있다. 현재 중국은 교통물류시스템 구축으로 대륙을 좁혀나가고 있다. 특히 고속철 연장은 세계 1위이며 고속철 경제를 열어나가는 중이다.

고속철은 하이테크가 융합된 고부가가치 산업이다. 중국은 세계에서 고속철도의 기술 발전이 가장 빠른 나라다. 건설 규모가 크며 운행 속도 또한 가장 빠르다. 중국 정부는 이러한 기술력을 바탕으로 주요 도시를 연결하는 '4종 4횡 프로젝트'를 추진하고 있다. 4종 4횡 프로젝트는 단순히 물리적인 거리를 좁히는 데 국한되지 않는다. 궁극적으로는 중국 전역의 발전과 균형을 꾀한다. 그 일환의 하나로 고속철도 개발을 적극적으로 추진하는 것이다.

중국은 이미 베이징과 광저우, 상하이, 하얼빈을 연결하는 고속철도를 개통했다. 수도 베이징을 중심으로 주변 도시를 일일생활권으로 만들었다. 4종 4횡 프로젝트의 계획대로라면 2015년까지 고속철도의 총연장을 1만 8,000km까지 늘이게 된다.

중국은 2013년 한 해만 고속철도 건설에 약 120조 7,500억 원을 투자했다. 민간 자본을 투자 유치하는 데도 심혈을 기울인다. 여기에는 철도 산업을 통해 안정적인 경제성장을 도모하려는 속내도 있다. 고용 창출의 효과가 있고 철강, 시멘트, 건설 등 관련 산업의 발전이 가능하기 때문이다.

지나치게 광대하여 오히려 밀도가 떨어졌던 중국은 고속철도 건설로 대륙을 촘촘히 엮어냈다. 그 선택은 주효했고 효과는 기대 이상이다.

**후안강**
중국 칭화대학교 공공관리학원 교수

중국에서는 교통 혁명이 경제, 지리 혁명으로까지 이어지고 있습니다. 교통 혁명은 수요의 유동성과 경제 규모 확대를 가속화합니다. 이렇게 봤을 때 교통 혁명이 거대한 경제 체계를 가진 대국과 관계가 있음을 알 수 있죠. 거꾸로 생각해서 만약 교통 혁명이 없었다면 중국 역시 이렇게 큰 규모로 경제 시스템을 운영할 수 없을 겁니다.

중국의 고속철도는 중국을 넘어 세계로 뻗어 나가고 있다. 중국의 양대 철도 기업인 중국남차와 중국북차는 이미 세계 고속철 시장에서 점유율 49%를 차지하는 성과를 냈다. 2014년에는 6개 대륙에 모두 진출했으며 브라질 동부에서 페루 서부까지를 잇는 남미대륙횡단철도 건설 계약도 이미 체결한 상황이다. 고속철도 산업을 2004년에 시작했다고 하기에는 믿을 수 없는 성과다. 이 같은 성과를 낼 수 있었던 이유는 내수시장을 기반으로 쌓은 기술력, 유럽이나 일본보

고속철도는 지나치게 광대하여 밀도가 떨어지던 중국 대륙을 촘촘히 이어주는 역할을 한다.

다 저렴한 가격 경쟁력, 중국 정부의 강력한 후원 때문이다.

현대 중국은 단지 넓은 땅을 가진 대륙을 넘어 21세기 세계 질서의 새로운 강자로 거듭나는 중이다. 그 바탕에는 다양한 지형과 지질, 기후를 가지고 수 세기 동안 찬란한 문명을 꽃피웠던 저력과 추진력이 있다. 중국은 아직도 그 한계가 드러나지 않을 정도로 무한한 잠재력으로 가득하다. 앞으로 세계가 중국을 중심으로 재편될 것인가 하는 의문을 넘어 과연 중국의 힘이 어디까지 뻗어 나갈지 주목된다.

# PART 6

# 문화 강국을 향한 전략, 소프트파워

# 세계로 파고드는
# 중국 문화의 확산 전략

## 공자 학원으로
## 중국인의 사고방식을 전파하다

거대한 대륙, 그 위에서 부침을 거듭한 5,000년 중국의 역사가 품은 전통과 문화는 중국인의 자부심이며 그들이 세계의 중심이라는 중화사상의 모태다. 최근 중국 자부심의 상징으로 새롭게 추앙받는 인물이 있다. 바로 정화다. 정화는 명나라의 환관이자 탐험가로 600년 전 중국을 세상에 알렸던 인물이다. 처음 영락제의 명을 받고 그가 이끈 함선은 62척이었으며, 승선 인원이 2만 8,000명에 달하는 어마어마한 규모였다. 이후로 그는 일곱 차례나 원정을 떠났는데 그 수를 다 합하면 배만 3,500여 척이며 총인원은 3만여 명에 달한다.

정화는 가는 곳마다 중국의 문물을 전파했다. 당시로써는 최신 문물이었다. 그리고 강력한 함대를 배경으로 중국이 세계의 중심임을 알렸다. 정화의 해외 원정은 1405년에 시작되었는데 이는 콜럼버스가 1492년 아메리카 대륙을 발견한 것보다 거의 90년이 앞서는 것이었다. 정화 함대가 세계 여행에 성공한 이유는 뛰어난 조선술과 항해술이 있었기 때문이다. 런던 왕립지리학회의 개빈 멘지스는 콜럼버스나 마젤란이 정화 함대가 만든 지도를 가지고 대항해에 나섰다는 연구결과를 발표했다. 콜럼버스나 마젤란이 지도 한 장 없이 미지의 바다를 항해한 것이 결코 아니라는 것이다.

**위르겐 코카**
전 베를린 사회과학연구센터 소장

정화 함대는 곳곳에 머무르며 중국 문화가 얼마나 강성한지 보여주었습니다. 거대한 함선을 이끌고 다니며 당시 중국의 해군력과 부를 과시했죠. 중국이 얼마나 큰 제국인지를 세계인에게 보여준 겁니다.

정화와 함께 부각되는 인물이 또 하나 있다. 바로 공자다. 공자는 중국 춘추시대 노나라 사람으로 사상가이자 철학자다. 그는 석가모니, 소크라테스, 예수와 함께 4대 성인 중 한 사람으로 유교의 시조

정화 해외원정로

600년 전 정화 함대는 동남아시아는 물론 멀리 중동과 아프리카까지 진출하여
중국의 문물을 전파했다.

다. 중국 문화와 철학을 대표하는 서경, 예기, 춘추, 대학, 중용, 논어
는 공자에게서 기인한다. 공자는 중국 문화의 중심일 뿐 아니라 한자
문화권의 사상적 기초를 제공한 인물이다. 그를 빼고서는 중국을 비
롯한 한자 문화권을 설명할 수 없을 정도로 그의 영향력은 지대하며
깊다. 그런데 오늘날 공자가 '공자 학원'으로 다시 살아났다. 정화가
함대를 이끌고 세계를 돌아다니며 중국 문화를 전파했던 것처럼 공
자 학원은 세계 곳곳에서 중국 문화를 전파하고 있다.

중국은 2004년부터 전 세계에 공자 학원을 만들기 시작했다. 그
처음은 서울이었다. 공자 아카데미라는 이름으로 설립한 공자 학원
은 유교 교육과는 무관하게 온전히 어학 교육 기관으로 출발했다. 이
후 중국은 불과 10년 사이 126개국에 1,300여 곳이 넘는 공자 학원
과 공자 학당을 설립했다.

공자 학원의 일차적인 목적은 중국어를 전파하는 것이다. 실제 어
학 교육원으로서 중국어 강습 위주로 수업이 진행된다. 하지만 그 이
면을 살펴보면 중국 문화를 비롯한 중국 소프트웨어의 수출로 이어
진다. 한 나라의 언어를 배우다 보면 자연스럽게 그 나라의 문화와
철학, 사상을 접하게 된다. 언어는 그 나라 고유의 문화를 반영하기
때문이다. 또한 그 나라의 문화를 이해하지 않고서는 언어를 제대로
익히는 것은 불가능에 가깝다. 한 나라의 언어를 공부한다는 것은 그
나라의 역사, 문화, 철학, 현재의 삶을 알아나가는 것을 의미한다. 중

**전 세계 공자학원 현황** (126개 국가)
공자학원 475개, 공자학당 851개 (2014년 12월 기준)

중국 정부는 중국어와 중국 문화를 전파하기 위해 전 세계에 공자 학원을 세우고 있다.

국어 교육을 목표로 하는 공자 학원이 중국 문화 전파의 통로가 되
는 이유는 바로 이 때문이다.

중국은 기본적으로 뛰어난 소프트웨어를 가진 나라다. 오랜 역사
와 찬란한 문명은 매력적이며 힘이 있다. 중국 정부는 공자 학원을
통해 이 소프트웨어, 자국의 문화를 전파함으로써 부가가치가 높은
문화 사업의 기틀을 마련하려 한다.

## 공자 학원을
## 경계하는 사람들

공자 학원은 중국 정부 차원에서 문화 진출을 구체화하고 있다는 사실을 보여주는 하나의 증거다. 중국 정부는 공자 학원을 전 세계로 확산하기 위해 엄청난 예산을 쏟아붓고 있으며, 베이징에 있는 공자 학원 본부에서는 매년 전 세계 수강생을 초청해 큰 대회를 연다.

그렇다면 공자 학원은 과연 중국이 원하는 만큼의 성과를 거두고 있을까? 전 세계의 많은 이들이 중국어에 관심을 두고 배우고자 하는 열망을 가지고 있기 때문에 공자 학원을 찾는 사람은 넘쳐난다. 경제 대국으로 성장한 중국은 중국인에게만 기회의 땅이 아니라, 좋은 일자리를 얻고 많은 돈을 벌고자 하는 다른 나라 사람에게도 마찬가지다. 이는 곧 중국어에 대한 관심으로 이어진다.

케냐의 수도 나이로비에 있는 공자 학원에서는 아프리카 젊은이들이 중국어 공부에 열중한다. 유럽도 예외는 아니다. 파리에 있는 공자 학원에도 중국어와 중국 문화를 익히는 사람이 많다. 수업은 대체로 중국의 고사성어나 구체적인 이야기를 통해 중국인의 사유 방식과 그 의미를 설명해주는 식으로 진행된다. 중국어뿐 아니라 중국의 문화와 역사, 철학 등을 자연스럽게 접하게 한다.

중국어 수업에 열중하고 있는 케냐 나이로비 공자 학원의 젊은이들

**수전 올루오치**
케냐 공자 학원 관리팀장

사람들은 공자 학원을 통해 중국에 끌리게 됐고 중국 문화와 중국어를 배우고 싶어 합니다. 이렇게 중국이라는 나라에 마음을 열게 되죠. 이러한 동기가 사람들이 중국을 더욱 잘 이해하는 데 도움이 된다고 생각합니다.

그런데 공자 학원은 과연 긍정적인 효과만 있을까? 호주의 공립학교에도 중국 정부의 지원을 받은 공자 학원이 문을 열었다. 그러자 학부모들이 중국어 수업을 폐지해달라고 탄원서를 제출했다. 중국 문화와 함께 중국의 국가 이념까지 들어올까 우려한 것이다. 또한 미국 시카고대학교는 2014년에 공자 학원 재계약 협상을 중단했다. 공자 학원이 중국 정부의 선전 수단으로 이용되고 학문의 자유를 침해한다는 논란이 이어지자 4년 동안 운영하던 공자 학원을 없앤 것이다. 그리고 뒤를 이어 미국과 캐나다의 다른 몇몇 대학도 공자 학원의 운영을 중단하기로 결정했다.

이런 상황은 중국 정부의 공격적인 전략이 마찰과 견제를 불러일으킨 결과다. 공자 학원은 중국 공산당이 자금, 교사, 교재를 모두 제공한다. 이는 공자 학원이 중국 공산당의 통제를 받고 있을 가능성

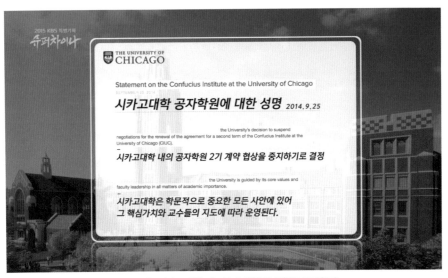

2014년 9월 시카고대학교는 공자 학원의 운영을 중단했다.

이 그만큼 높다는 것을 의미한다. 공자 학원 설립을 반대한 호주의 학부모들은 "공자 학원은 우리 학생들에게 세뇌시킬 것이다. 그것이 걱정스럽다"며 중국 공산당의 개입에 우려를 표했다. 이윤을 목표로 설립한 것이 아니라 중국 정부가 개입한 학원이기에 나타나는 우려다. 이런 걱정 뒤에는 점차 강해지는 중국에 대한 두려움이나 반목도 크게 작용했을 것이다.

**조셀린 체이**
전 호주 시드니대학교 교수

다른 나라에 와서 중국에서처럼 행동하는 것은 문제가 됩니다. 많은 사람이 로마에서는 로마의 법을 따라야 한다고 말하는 데는 이유가 있죠.

그럼에도 공자 학원은 점점 성과를 거두고 있으며 중국어와 중국 문화는 차근차근 세계 각국으로 전파되고 있다. 이제 세계 어디서나 중국을 만날 수 있는 것이다.

## 일상에 스며드는
## 중국 문화

　　18세기 유럽 상류층 사이에는 중국 문화가 열풍에 가까운 유행으로 번졌다. 동서 교역의 통로인 실크로드를 통해 전파된 도자기를 비롯해 의복, 차, 정원, 다기, 가구 등 중국의 것이라면 무엇이든 상류층의 관심사였다. 이 같은 유행은 중국 철학에 대한 관심으로 이어졌다. 유럽인에게 중국은 공자와 노자 등 철학자의 이상이 실현된 나라로 보였으며 그 깊이는 그들을 충분히 매료시킬 만했다.

　　그로부터 300년이 지난 오늘날 유럽에는 또 다시 중국 문화의 바람이 일고 있다. 푸른 눈에 금발을 한 서양인이 태극권과 기체조로

**유럽에서 태극권과 서예를 배우는 아이들이 늘고 있다.**

건강과 정신을 챙긴다. 학부모는 자녀의 손을 잡고 서예 학원으로 향한다. 아이들에게 공경심을 익히게 하기 위해서다. 중국 문화와 중국적 사고방식을 좋아하는 마니아층도 두텁게 형성되었다. 중국이 강대국으로 부상하며 중국 문화에 대한 관심도 자연스럽게 생겨났다. 물론 여기에는 중국 정부의 노력도 한몫했다.

중국 정부는 자국의 문화 전파를 위해 물심양면으로 많은 노력을 기울여왔다. 비단 공자 학원 설립뿐 아니라 미디어, 출판, 영화 등 다양한 분야에서 세계 진출을 꾀했다. 실제로 중국 문화산업의 전략을 살펴보면 '문화 상품과 서비스 수출'을 5대 목표의 하나로 설정해 정부 차원에서 중점적으로 지원할 것임을 표명했다.

중국 문화산업의 최종 목표는 지속 가능한 발전이다. 한 번 불고 마는 바람이 아니라 세계인의 일상 속에 중국 문화와 철학이 스며들기를 바란다. 300년 전 유럽의 상류층이 100년 가까이 중국 문화를 향유했던 것처럼 오늘날 유럽인도 중국 문화를 즐기기 시작했다.

# 미디어 제국을 꿈꾸는
# 중국의 야심

---

**국영방송 CCTV가**

**6개 언어로 방송을 내보내는 이유**

베이징에 본사를 두고 있는 CCTV 는 중국의 국영방송으로 중국 정부의 관리와 검열을 받는다. 이 때문에 CCTV는 정부의 방침에 어긋나는 방송은 할 수 없다. 그런데 이 국영방송의 행보가 심상치 않다. CCTV는 현재 7개 채널에서 6개 언어로 24시간 해외 방송을 하고 있다. 이렇게까지 공을 들여 방송을 하는 이유는 세계인을 대상으로 중국의 가치관을 알리고 중국 문화를 전파하기 위해서다.

**류충**
CCTV 영어뉴스 채널 부총감

우리는 중국의 목소리를 더 많은 사람이 들을 수 있기를 바랍니다. 더 많은 나라의 사람들이 중국인의 사고방식과 일하는 방식, 가치관을 이해하면 좋겠습니다. 이를 위해 미디어가 아주 큰 영향력을 발휘할 수 있고, 중국과 전 세계가 교류하는 것을 촉진할 수 있습니다.

CCTV의 의도는 중국의 시각에서 전 세계를 대상으로 보도하겠다는 것이다. 이는 중국에 대한 서방의 일방적인 여론을 잠재우고 자신들의 논리와 주장을 펼치겠다는 뜻으로 보인다. 이는 어느 정도 결실을 보고 있다. 최근 들어 양질의 프로그램도 곧잘 나와 세계 시청자의 눈길을 사로잡기 시작했다. 대표적인 예로 세계 금융자본 권력을 중국인의 시선으로 본 다큐멘터리 〈월 스트리트〉나 석학 이중톈을 내세워 삼국지를 강의한 〈백가강단〉은 호평을 받으며 중국적인 시각과 문화를 알리는 역할을 했다.

중국은 미디어를 통한 세계 지배를 꿈꾸고 있다. CCTV는 171개국에서 시청자만 무려 3억 명을 가지고 있다. 중국은 CCTV를 통해 세계 여론을 자신들이 좌지우지하려는 미디어 전략을 하나씩 현실화하고 있다.

## CCTV 해외 진출
### 해외지사 2개, 해외총국 5개, 해외지국 63개

**중국 정부가 주도하는 중국 미디어의 세계화는 CCTV의 해외 진출을 통해 진행되고 있다.**

**류충**
CCTV 영어뉴스 채널 부총감

예전에는 AP, 로이터 등 서양 매체에 의존해 국제 보도를 했습니다. 우리가 직접 취재한 것은 매우 적었죠. 사실 우리 시청자들의 시각과 관심은 서구 미디어의 그것과 같지 않습니다. 우리 시청자가 더 많이 관심을 가지는 뉴스를 제공해야 합니다.

## 막강한 자본이 만들어내는
## 중국 미디어의 세계화

중국 정부는 2009년부터 중국 미디어의 세계화를 위해 8조 원을 투입했다. 정부의 전폭적인 지원과 강력한 네트워크, 이를 뒷받침하는 자본력으로 CCTV는 빠른 속도로 세계 미디어 업계를 장악 중이다. 그들은 사건이 발생한 곳이면 세계 어디든지 날아간다. 이들의 신속하고 광범위한 취재력은 정평이 나 있다.

**수전 로버츠**
CCTV 아메리카 앵커

미국 방송사인 ABC, NBC, CBS, CNN은 제작비를 워낙 많이 삭감해서 국제적인 시각이 없습니다. 우리는 달라요. 남수단, 태국, 이집트, 유럽까지 큰 이슈가 벌어지는 곳이라면 기자가 직접 찾아가 생중계 하거든요. 돈은 문제가 되지 않습니다. 우리는 직접 취재하지만 미국 방송은 더 이상 그러지 못합니다.

세계 유수의 매체가 집결해 있는 워싱턴에 CCTV 아메리카가 있다. 2012년에 출발한 CCTV 아메리카는 국제 뉴스를 제작해 미국과 중남미 전역에 방송한다. 미국의 한복판에 TV 방송국을 개국한 중국의 의도는 명확하다. 중국적인 시각에서 세계 뉴스를 취재하고 제작하겠다는 것이다.

**일레인 레예스**
CCTV 아메리카 앵커

알자지라나 BBC를 경쟁사라기보다는 동료라고 부르겠습니다. CCTV 아메리카는 그들이 제공하지 못하는 것을 제공하니까요. 우리는 아시아의 시각을 지녔고 여기에는 중국의 견해도 포함됩니다. 국제 뉴스를 다루면서 BBC는 서양적 관점, 알자지라는 중동적 관점에서 보도하는 것이 많습니다.

지난 200년 동안 세계는 서구의 시각으로 분석되고 파악되어왔다. 이 때문에 동양에 속한 나라조차 서구의 시각으로 사고하고 그들과 같은 가치관을 형성했다. 한국이라고 별반 다르지 않다. 문화, 음식, 주택 등 다양한 분야에서 동경이든 열등감이든 정신적 예속이 이루어졌다. 문화는 한 나라의 전통이나 철학을 뿌리까지 뒤흔드는 힘을 가지고 있기에 무력보다 더 무서운 것이 문화 침투다. 중국은 그 힘을 알고 있다.

중국에 대한 서구의 시각은 공산주의 독재 정권이다. 자본주의 경제 체제를 도입해도 이 시각은 바뀌지 않는다. 하지만 중국이 바라보는 중국은 강력한 중앙집권 체제로 비약적인 발전을 이루고 있는 나라이며, 찬란한 역사와 문명을 지녔을 뿐 아니라 세계의 중심에 있는 나라다. 중국은 자신들의 시선이 다른 나라에도 충분히 설득되기를

CCTV 아메리카는 미국의 한복판에서 중국적인 시각으로
세계 뉴스를 취재하고 알리는 역할을 한다.

바란다. 그리고 이러한 시각을 세계인의 뇌리에 새기는 데는 매스미디어만큼 빠른 방법은 없다고 판단한다.

---

## 현지화 전략으로
## 아프리카를 사로잡다

중국이 특히 공을 들여 CCTV를 진출시킨 곳은 아프리카다. CCTV 아프리카는 2012년에 설립한 후 현지인을 대거 고용해 아프리카를 소재로 한 프로그램을 제작하고 있으며, 아프리카 50여 개국에 송출한다. 이 방송은 아프리카인들의 마음을 사로잡았다.

아프리카인이 중국 공영방송인 CCTV에 매료되는 가장 큰 이유는 다른 국제 방송처럼 서구의 시각에서 제 마음대로 재단한 아프리카를 보여주는 것이 아니기 때문이다. 서구의 방송에서 보여주는 아프리카는 전쟁, 질병, 기근 등으로 아프기만 하고 못 사는 나라다. 심지어 문명과는 거리가 먼 미개인의 이미지로 곧잘 그려진다.

서구는 중국의 중화사상을 비판적인 시각으로 재단하지만 사실 그들이 가지고 있는 우월의식은 중화사상 못지않다. 그들에게 비서구는 개화의 대상이다. 아시아, 아프리카 등 많은 나라를 식민지화했을 때 그들이 자신을 스스로 정당화한 메커니즘에는 바로 이러한 판단 기준이 작용했다. 현대에 와서도 그들은 비서구 국가에 대한 우월 감을 놓지 않는다. 이러한 시각으로 바라보는 아프리카는 문명의 발전과는 거리가 먼 미개와 야만의 세계다. 하지만 CCTV 아프리카는 있는 그대로 아프리카를 보여준다. 대표적인 예가 최근 아프리카의 많은 나라에서 인기를 끈 〈아프리카의 얼굴〉이다. 이 프로그램은 아프리카인의 일상과 자연을 담았다. 서구의 미디어가 주로 아프리카의 어두운 면을 다루는 것과 비교된다.

**라마 냥**
CCTV 아프리카 앵커

CNN은 매주 특집 프로그램을 방송하고, BBC는 TV가 아닌 라디오 를 통해 여러 콘텐츠를 제공합니다. 하지만 아프리카 전문 프로그램 은 CCTV 아프리카가 설립된 후에야 생겼습니다. 우리는 아프리카 전역에서 벌어지는 일에 대해 새로운 시각을 제공합니다.

CCTV의 현지화 전략은 중국 소프트파워 전략의 한 부분이다. 중국은 '다른 국가의 행위에 간접적으로 영향을 미치는 능력'을 가지고자 한다. 힘의 정치가 주는 거부감을 최소화하고 자연스럽게 설득하고 따르도록 하려는 것이다. 이런 점에서 보자면 소프트파워는 대

리카의 얼굴〉 CCTV아프리카

**CCTV 아프리카는 철저한 현지화 전략을 통해 서구 미디어와는 다른 시점으로 아프리카를 보여줌으로써 아프리카 시청자를 사로잡았다.**

단히 매력적인 힘이다. 현지화 전략은 동일성을 획득하는 데에도 유용하다. 중국과 아프리카가 다르지 않은 정체성을 가지고 있으며, 서구보다 아프리카를 이해하는 폭이 훨씬 더 넓다는 것을 아프리카인에게 납득시킬 수 있기 때문이다.

아프리카는 서구 열강의 침략과 식민지 지배로 아주 오랜 기간 많은 것을 빼앗기고 짓밟혔다. 그런데 이제 빠른 속도로 경제성장을 이룬 중국이 손을 내민다. 미디어를 통해 공감대를 형성하고 있는 것이다. 이 같은 상황이 지속되면 아프리카에 대한 중국의 영향력은 점점 더 강해질 것이다.

## 미디어를 지배하는 자가
## 세계를 지배한다

지난 150년 동안 국제 뉴스와 정보는 영어권 미디어에 지배당했다. 중국은 북한이나 중동의 여느 나라와 달리 악의 축으로까지 취급받지는 않았어도 대체로 부정적으로 묘사되었다. 이제 중국 정부는 이 같은 구도를 바꾸고자 하지만, 국제 사회는 아직도 중국을 부정적으로 인식한다. 이런 인식에 대해 중국은 완곡하지만 강력한 메시지를 전달한다.

**옌쉐퉁**
중국 칭화대학교 교수

중국이 구축하려는 체제가 국제 사회를 풍부하게 할 것이라 생각합니다. 국제 사회에 다양한 사상과 표준이 있어야 평등한 대화를 할

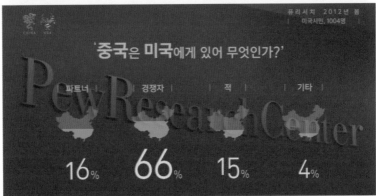

영어권 미디어는 그동안 중국을 다소 부정적인 이미지로 그려왔다.

수 있습니다. 한 종류의 표준에 따라 세계를 건설해서는 안 됩니다. 중국은 서양 중심의 일원화된 세계를 극복하고 더욱 다양한 세계를 열어나가려 합니다.

여기서 중국이 말하는 '다양한 세계'는 더 이상 미국과 서구 중심의 세계 질서를 용납하지 않겠다는 것이다. 그러기 위해서는 중국의 소프트파워를 가동할 필요가 있는데, 이는 이미 베이징 올림픽 때 전 세계에 선포한 바 있다.

베이징 올림픽의 개막식 공연은 중국이 공자의 나라, 철학과 문화와 인문의 나라임을 보여주었다. 공산주의, 일당 체제의 정당, 메이드 인 차이나 제품에 대한 이미지를 지우고 과거 중국이 문화 대국으로 얼마나 찬란했는지를 세계인의 뇌리 속에 박아두려 했다. 이는 중국 정부의 전략이기도 했다. 베이징 올림픽을 통해 문화 강국으로 거듭나겠다는 의지의 표현이었다.

실제로 중국은 베이징 올림픽 이후 문화 대국과 관련한 정책 논의를 활발하게 진행했다. '문화 안보', '소프트파워' 같은 말이 공산당 당 대회나 고위 지도자의 연설에서 빈번하게 들리기 시작했다.

사실 전통문화와 철학을 부각하는 중국 정부의 전략은 대단히 놀라우면서도 특이하다. 중국은 공산주의 체제를 구축한 후 그들의 전통과 문화를 가혹하게 배척했다. 공자의 유교로 대표되는 봉건사상이 사람을 잡아먹는 식인 문화라고 비판했던 소설가 루쉰을 중국 정부 차원에서 숭배했다. 그런데 지금 중국은 "옛것은 무조건 숙청하라"는 구호를 완벽히 삭제하고 새로운 구호를 만들어냈다. 바로 "문화 강국"이다.

중국 공산당은 문화 강국으로 도약하기 위해 그들 스스로가 이전에 배척했던 '공자로 대표되는 전통문화'를 다시 살려냈다. 서구 중심의 세계 질서를 재편성하려면 중국만이 가지고 있는 고유한 힘이 필요하다. 그 힘은 내부적으로 중국인의 단결을 유도하기도 한다. 그리고 소프트웨어를 살려내고 퍼뜨리려면 필수적으로 따라야 하는 과정이 있다. 미디어를 지배하는 것이다. 이는 곧 중국이 국영방송 CCTV를 정부 차원에서 지원하고 전략적으로 활용하는 이유이기도 하다.

**마틴 자크**
《중국이 세계를 지배하면》 저자

우리는 중국이 전통문화의 현대화를 이루는 것을 목격하게 될 겁니다. 미래의 중국이 그러지 못하리라는 생각은 성급합니다. 이전과는 다른 방식이지만 중국이 과거에 행사했던 그 영향력을 그대로 발휘할 겁니다.

# 재평가받고 있는
# 중국의 예술과 대중문화

## 중국 골동품 수집에
## 열광하는 유럽

홍콩의 소더비 경매장에서 중국 골동품은 높은 가격에 낙찰된다. 간장 종지만 한 도자기가 350억 원에 낙찰되는가 하면, 옛 그림은 740억 원에 낙찰되기도 한다. 도자기, 불상, 고서화 등 중국 작품이라면 기를 쓰고 사려는 이들이 즐비하다. 그래서 가격이 높게 올라가고 경매 열기 또한 높을 수밖에 없다. 이 같은 열풍은 유럽 곳곳에서도 일고 있다.

유럽인은 어째서 중국 골동품 수집에 열광하는 것일까? 그 역사는 꽤 깊다. 정화의 대함대가 세계 곳곳에 중국의 문화, 문명을 알리고 다닌 후에도 중국의 세계 진출은 이어졌고 유럽인도 중국 문물을 접

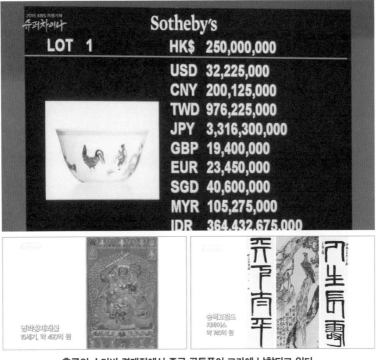

| Sotheby's | |
|---|---|
| **LOT 1** | **HK$ 250,000,000** |
| | USD 32,225,000 |
| | CNY 200,125,000 |
| | TWD 976,225,000 |
| | JPY 3,316,300,000 |
| | GBP 19,400,000 |
| | EUR 23,450,000 |
| | SGD 40,600,000 |
| | MYR 105,275,000 |
| | IDR 364,432,675,000 |

영락창세내물
15세기 약 460억 원

송백고립도 치바이스
약 760억 원

홍콩의 소더비 경매장에서 중국 골동품이 고가에 낙찰되고 있다.

하게 되었다. 유럽인의 눈에 비친 중국 문물은 경이로웠다. 특히 중
국 도자기는 유럽인에게 충격 그 이상이었다.

사실 중국 도자기는 정화 함대 이전부터 이미 유럽에서 사랑받고
있었다. 도자기는 1,000년 전부터 중국의 대표적인 특산품 중 하나였
고, 15세기에는 동서 교역으로 수천만 점에 이르는 도자기가 이슬람
을 거쳐 유럽으로 흘러들어 갔다. 정화 함대 이후에는 포르투갈과 스

페인이 바다의 실크로드를 통해 중국으로 들어와 도자기를 사들이는 일도 있었다.

유럽인의 눈에 비친 중국 도자기는 아름답고 신비로운 자태를 가지고 있으며 동양적인 문양이 이국적인 보물이었다. 게다가 투명하고 밝은 빛을 내며 두드리면 청명한 소리가 났다. 이런 도자기를 만들지 못했던 유럽에서는 중국 도자기에 대한 환상으로 오랫동안 이를 연구했고 중국 제품을 모방하는 일도 생겼다. 유럽인은 얇으면서도 단단한 도자기를 어떻게 만드는지 그 기술을 발견하기 위해 오랫동안 연구한 끝에 결국 18세기가 되어서야 자기를 만들기 시작했다. 그럼에도 중국 자기의 품질을 따라갈 수 없었고 그 아름다움은 감히 비교가 되지 않았다. 이 때문에 유럽 상류층은 대부분 중국 자기로 궁중이나 저택을 꾸미는 데 몰두했으며 중국 자기로 성찬을 즐겼다. 상류층만이 즐길 수 있는 특권이었다.

당시 중국의 자부심은 하늘을 찔렀다. 무역 확대를 요구하는 대영제국 특사의 요구를 건륭제는 한마디로 일축해버렸다. 그 당시 중국은 큰 대륙의 중심으로 만리장성 너머로는 오랑캐들이 살고 있다고 생각했으므로 멀리서 온 오랑캐에게 별로 기대하지 않았다. 하지만 이후 근대화된 서구 열강이 중국을 침략하여 중국 땅을 아편으로 피폐하게 만들었다.

중국 장인의 작품을 모방한 유럽 장인의 작품

**엘리엇 영**
미국 루이스앤드클라크대학교 교수

중국인을 굽실거리는 노동 계급으로 인식한 것은 유럽의 제국주의
를 정당화하는 데 한몫했습니다. 유럽인은 전제 정치에 시달리는 중
국인에게 문명화된 사회를 열어준다는 명분으로 자신들의 침략을
정당화했습니다.

원명원은 중국 문화의 약탈과 몰락을 상징적으로 보여주는 곳이
다. 원명원은 청나라 황제들이 즐겨 찾던 아름다운 별궁이다. 아편
전쟁 때 영국과 프랑스 군은 이곳을 철저하게 약탈하고 파괴해버렸
다. 이때 약탈당한 12가지 동상 중 2개가 150여 년 후 프랑스의 경매
시장에 나왔다. 중국은 오랜 교섭 끝에 이것들을 돌려받을 수 있었
다. 원명원은 이제 중국 문화의 부활을 상징하는 곳이 되었다.

21세기 중국은 세계 2위의 경제 대국이 되었고 국제 질서의 새로
운 강자로 부상했다. 더불어 그들의 문화와 문명도 힘을 가지게 되면
서 중국 골동품 가격도 천정부지로 치솟았다.

**왕짠**
중국미술학원 부원장

중국의 전통문화는 몇천 년 동안 발전했지만 청나라 말기에 세계에서 가장 낮은 위치로 전락했습니다. 그러다 최근의 개혁개방을 통해 전면적으로 국가의 힘을 키워나갔고 원래 가지고 있던 특징을 세계 문화계에 선보이고 있습니다. 중국의 전통문화는 세계인들이 보고 싶어 하는 것이 됐습니다.

## 변화하는
## 세계 미술 시장의 구도

프랑스 파리의 로프트 갤러리에는 중국 화가의 값비싼 작품 한 점이 걸려 있다. 바로 쩡판즈의 작품이다. 쩡판즈는 낙찰가 기준으로 세계 500대 미술가 중 세계 4위를 기록하고 있는 화가다. 쩡판즈뿐만 아니라 세계 미술 시장에서 중국 화가들의 활약이 심상치 않다. 세계 500대 미술가 중 절반이 넘는 263명이 중국 화가이며, 상위 50명 중에서도 중국 화가가 21명이나 된다.

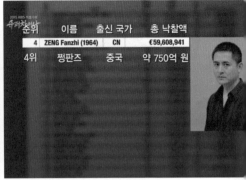

| 순위 | 이름 | 출신 국가 | 총 낙찰액 |
|---|---|---|---|
| 4 | ZENG Fanzhi (1964) | CN | €59,608,941 |
| 4위 | 쩡판즈 | 중국 | 약 750억 원 |

세계 500대 미술가 중 절반 이상이 중국 화가들이다.

**장 프랑수아 루디옹**
프랑스 로프트 갤러리 대표

그동안 미국 현대미술 작가의 작품은 매우 비싸게 거래됐지만 중국
작가의 작품은 그렇지 못했습니다. 하지만 지금은 새로운 흐름이 형
성되고 있습니다. 중국의 피카소도 나올 수 있죠.

서구 화가들이 독점하던 세계 미술 시장의 구도가 중국에 의해 여
지없이 깨졌다. 이 같은 현상은 한국에서도 감지할 수 있다. 2014년
한국에서 한 중국 화가의 전시회가 열렸다. 전시 내내 7만여 명이 관
람하며 대성황을 이룬 이 전시회의 주인공은 중국의 현대미술 작가

장샤오강이다.

장샤오강의 작품은 공산주의 사회와 자본주의 사회가 부딪히는 데서 나타나는 껄끄러움을 심리적인 방식으로 보여준다. 그가 관심을 두는 주제 중 하나인 가족 간의 슬픔은 '혈연-대가족' 시리즈로 표현되었다. 1958년생인 그는 1966년부터 1976년까지 진행되었던 문화대혁명의 정치적 격동기를 겪었고, 농촌 부흥 운동의 일종인 농부 재교육에 투입되기도 했다. 이러한 시기를 보낸 그는 중국의 정체성과 중국의 감정에 관심을 가지게 되었다.

장샤오강은 주로 인류 보편의 가치인 가족을 주제로 다루지만 색채는 다분히 중국적이다. 중국 아방가르드를 대표하는 작가로 유명한 그의 작품은 2014년 세계 경매 시장에서 모두 280억 원에 낙찰돼 그를 세계 10대 작가의 반열에 올렸다.

**장샤오강**
중국 현대미술 작가

중국 전통의 독특한 부분이 창작에 풍부한 자원을 제공합니다. 대다수 국가는 이런 자원을 가지고 있지 않습니다. 저는 이것이 아주 중요하다고 봅니다.

**세계 10대 작가의 반열에 오른 장샤오강의 작업실**

중국에서 가장 영향력 있는 화가로 자리 잡은 장샤오강의 작업실은 798예술구 주변에 있다. 798예술구는 베이징 조양구 다쌴즈 지역에 있는 예술 거리다. 원래 구소련과 독일의 군수 공장이 밀집해 있었지만 냉전 종식과 함께 활기를 잃었다. 중국 정부는 이 거리에 전자 타운을 조성할 계획이었다. 하지만 2002년부터 예술가들이 하나둘 모여들기 시작했고, 그렇게 모여든 예술가들로 스산하기만 했던 거리가 예술 공간으로 거듭났다.

중국 정부는 2006년에 이곳을 아예 문화산업 집중구로 지정했다. 지금은 수많은 작업실과 400여 개의 갤러리가 밀집한 현대미술의 중심부로 부상해 베이징의 문화 아이콘으로 유명세를 떨치고 있다. 세계적인 컬렉터와 딜러가 이곳을 주목하며 재능 있는 예술가를 발굴한다. 수많은 카페와 아트 샵이 자리 잡고 있어 하루에도 수천 명의 관광객이 찾아오는 문화관광구로 부상했다.

이처럼 중국 정부의 문화에 대한 지원은 즉각적이며 강력하다. 문화 예술에 대한 지원이 궁극적으로는 중국의 힘을 더 강하게 만든다는 사실을 인식하고 있으며 이에 대한 투자를 아끼지 않는다. 문화는 추상적이며 여타의 상품에 비해 결과가 바로 드러나지 않는다. 기다림이 필요하다. 하지만 그 기다림이 성과를 낼 때는 그 어떤 것보다 강력한 것이 문화 상품이다. 글로벌 시대에 경쟁력을 좌우하는 핵심 역량이 문화이기 때문이다.

## 자본이 만들어내는
## 중국 영화의 경쟁력

세계 시장에 두각을 드러낸 중국의 또 다른 소프트파워는 영화다. 2014년 베를린 영화제에서 최우수 작품상인 황금곰상은 디아오이난 감독의 〈백일염화〉에 돌아갔다. 남우주연상 역시 중국 영화였다. 중국 영화가 세계 영화계를 석권한 것이다. 수상작은 몽환적인 분위기와 섬세한 인물 묘사로 호평을 받았다. 그동안 싸구려 무협영화 정도로만 여겨지던 중국 영화에 대한 인식을 일거에 뒤바꿔버렸다.

중국 영화는 그동안 꾸준히 저력을 쌓아왔는데 세계 3대 영화제 대상 수상작만 모두 7편이다. 2000년에 개봉한 〈와호장룡〉은 아카데미상 수상과 함께 흥행에도 크게 성공했다. 중국의 전통 요소가 서구 시장에도 먹힐 수 있다는 신호였다.

중국 영화는 이제 한발 더 나아가 글로벌 상품으로 발전하고 있다. 특히 중국 영화의 인도 진출은 주목할 만하다. 인도는 미국에 이어 가장 활발하게 영화를 제작하는 나라다. 전 세계를 휩쓸었던 할리우드 영화도 인도에서는 힘을 발휘하지 못한다. 인도 전체의 영화산업을 일컫는 '발리우드'의 아성은 몹시 단단해 타국의 영화가 끼어들 여지가 없다. 인도 영화는 남아시아, 동남아시아, 중동, 아프리카 등지에 수출되어 그 영향력을 발휘하고 있다.

그런데 이 거대한 시장에 중국 영화가 활발하게 진입했다. 노래와 춤이 있는 인도 영화만 즐겼던 인도인들은 중국 영화의 어떤 면에 열광하게 된 것일까? 중국 영화를 좋아하는 인도인은 중국 영화가 사람 사이에서 일어날 수 있는 보편적인 이야기를 다루며 공감대를 형성하기 때문이라고 말한다.

중국은 영화산업을 키우기 위해 많은 공을 들인다. 어마어마한 자금이 투여되는 대형 세트장 건설에도 기꺼이 지원을 아끼지 않는다. '동방의 할리우드'로 불리는 '헝덴 월드 스튜디오'를 건설하기 위해 10년간 3,600억 원을 투자했을 정도다. 이 스튜디오는 명청 시대 왕궁을 실물 크기로 재현해 수십 편의 영화를 동시에 촬영할 수 있게

중국은 영화산업을 키우기 위해 여의도 면적의 열 배가 넘는 대형 세트장을 세웠다.

만들었다. 스튜디오 안에 중국의 고대부터 근현대까지 각 시대를 재현한 대형 세트장이 16곳이나 있는데 그 규모가 여의도 면적의 열 배가 넘는다. 대형 세트장은 컴퓨터 그래픽 기술에 의존하는 할리우드 영화와는 또 다른 사실감과 스펙터클을 제공함으로써 중국 영화의 경쟁력을 높인다. 또한 연간 160만 명의 여행객이 찾는 관광지로서도 유명세를 떨치고 있다.

중국의 영화산업은 지난 10년간 연평균 35.5%씩 급격하게 성장해왔다. 최근 2년 동안에는 상영관이 하루 평균 10~12개씩 늘어났다. 실로 어마어마한 수치가 아닐 수 없다. 영화를 즐기는 인구가 늘어난 내수시장의 힘은 영화산업에서도 힘을 발휘해 기업의 영화 투자로 이어진다.

영화산업에서도 중국 정부의 힘이 돋보인다. 중국 영화산업에서 최대 기업인 '차이나 필름 그룹CFG'은 중국 정부 소유로 상영뿐 아니라 제작, 배급에서도 핵심적인 역할을 맡고 있다.

영화 시장은 다른 문화산업보다 자본의 힘이 강력하게 작용하는 시장이다. 할리우드 영화가 세계 영화를 휩쓸었던 것도 자본의 힘이 컸기 때문이다. 그리고 이제 중국이 세계 영화 시장에서 맹주의 자리를 차지하기 위해 준비 중이다.

## 미국 영화 배급망을 장악한
## 완다 그룹의 도전

중국의 완다 그룹은 1988년에 설립된 기업으로, 부동산 개발 사업으로 엄청난 부를 축적했다. 이제 완다 그룹은 영화, 레저 등으로 눈을 돌려 복합 문화 레저 기업으로 변신을 꾀하는 중이다. 그 대표적인 예가 미국의 영화관 체인인 AMC를 인수한 것이다. AMC는 북미 지역에만 5,000여 개의 상영관을 보유하고 있는 세계 2위의 영화관 체인이다. 이 체인을 인수했다는 것은 북미에서 배급망을 확보해 중국 영화산업을 세계 정상에 올려놓겠다는 뜻이다.

세계 2위의 미국 영화관 체인 AMC가 중국 완다 그룹에 넘어갔다.

**제이슨 스콰이어**
미국 USC 영화예술학교 교수

완다가 AMC를 인수한 것은 아주 과감한 조치였습니다. 이제 완다는 세계 제일의 영화관 체인기업이 되었죠. 해외시장 진출을 위한 대담한 대규모 투자는 칭찬받을 만한 훌륭한 조치입니다.

완다 그룹은 이미 중국 내에서는 시장 점유율 1위의 극장 사업체다. 80여 개 도시에 6,000여 개의 스크린을 확보하고 있으며, 칭다오에는 세계 최대 규모의 영화 스튜디오를 만드는 중이다. 이 같은 행보는 완다 그룹이 "2020년까지 세계 영화 배급망의 20%를 차지하겠다"고 한 목표를 충분히 이룰 수 있을 것으로 보인다.

완다 그룹은 9년 연속 30% 이상의 높은 성장세를 보였다. 완다 그룹의 왕젠린 회장은 그 배경을 "과감한 혁신과 말한 것은 실행에 옮기는 실행력"이라고 꼽았다.

2015년 미국 경제 전문지 〈포브스〉가 발표한 '2015 세계 부호 순위'에서 중국 부자 1위로 뽑힌 왕 회장은 앞으로는 문화와 관광 사업, 전자상거래 등 새로운 사업을 통해서만 고성장을 유지할 수 있으리라고 예측한다. 그리고 이 예측에 걸맞은 구체적인 목표를 세우고 명확한 계획에 따라 움직인다. 이 계획 중에는 미국 영화 업체뿐 아니라 유럽 영화 업체의 인수도 들어 있다. 완다 그룹은 세계 영화산업에 혜성처럼 등장한 공룡이다. 이 공룡의 도전이 세계 영화 판도에 미치는 영향력은 우리의 상상을 초월할지도 모른다.

# 소프트파워로
# 문화 대국을 꿈꾸다

시진핑이 말하는

중국의 꿈

국가주석 시진핑은 '중국의 꿈'을
이렇게 말한다.

"중국의 꿈을 실현하는 것은 중국의 길을 가는 겁니다. 중국의 꿈
을 실현하는 것은 중국의 정신을 넓게 펼치는 겁니다. 이것은 애국주
의가 핵심인 민족정신이며 개혁과 혁신이 핵심이 되는 시대정신입
니다."

시진핑이 말하는 중국 꿈의 실현, 중국 정신의 확장, 시대정신은
무엇을 의미하는 것일까? 시진핑이 설파한 '중국의 꿈'의 핵심은 전
통문화를 기반으로 새로운 문화 강국을 건설하는 것이다. 이는 우리

에게도 낯설지 않다. 김구 선생이 〈나의 소원〉에서 "오직 한없이 가지고 싶은 것은 높은 문화의 힘이다. 문화의 힘은 우리 자신을 행복하게 하고 나아가서 남에게 행복을 주겠기 때문이다"라며 문화의 힘을 강조했듯이, 시진핑 또한 문화의 힘이 부강한 중국을 더 부강하게 만들 것임을 인식하고 있다.

**마틴 자크**
《중국이 세계를 지배하면》 저자

시진핑이 이야기한 중국의 꿈은 아주 중요한 의미가 있습니다. 중국의 역사에 새로운 획을 긋는 것이라 생각합니다. 시진핑은 3기 지도자인데 1기는 마오쩌둥, 2기는 덩샤오핑이었습니다. 3기가 시진핑과 함께 시작되었죠. 중국의 꿈이 중요한 이유는 덩샤오핑 때는 이런 꿈을 꾸지 않았기 때문입니다. 그저 가난에서 벗어나기 위해 미친 듯이 일해서 나라를 일으키는 것이 목표였습니다.

제국주의 시대에는 무력으로 다른 나라를 지배할 수 있었지만 오늘날 세계를 지배하는 것은 문화다. 문화산업은 다른 산업보다 성장률이 높고 고용을 창출한다. 또한 관광 시장을 넓히는 계기가 되는 등 다른 분야의 생산성까지 이끌어낸다. 하지만 문화의 가장 큰 힘은 자국민의 자긍심을 고양하고 더 나아가 세계에 공권력이나 재력만으로는 이뤄지지 않는 큰 영향력을 발휘할 수 있다는 것이다.

중국이 문화 강국을 꿈꾸는 것은 자연스러운 수순처럼 보인다. 현재 중국은 가난에서 벗어나기 위해 일해야만 했던 시대를 넘어섰다. 경제 발전으로 기본적인 의식주가 해결되고 나면 사람들은 정신적 풍요에 관심을 두기 마련이다. 중국 정부가 꿈꾸는 미래는 중국인이 꿈꾸는 미래이기도 하다. 이 때문에 중국은 문화 강국이라는 목표를 향해 거침없는 투자를 아끼지 않는다.

## 문화 강국을 향한 중국의 노력

지난 수십 년간 중국 문화는 많은 고난을 겪었다. 1966년부터 10년에 걸쳐 일어났던 문화대혁명은 전통문화를 봉건 잔재로 지목하여 치명타를 가했다. 어린 홍위병에 의해 중국 전통문화는 철저하게 파괴되었고 급격하게 사라졌다.

하지만 중국은 이제 달라졌다. 정부 내에 새로운 조직까지 만들면서 무형문화재 보호에 적극적으로 나선다. 올림픽을 계기로 무려 7만여 점을 무형문화재로 등재했다. 경극이나 그림자극 같은 토속 공연과 각 지방의 대표적인 요리, 종이공예 등 웬만한 것은 모두 무형문화재로 올렸다. 이러한 노력은 해외에도 이어져 현재 유네스코 인류무형문화유산 중 중국의 것이 가장 많다.

유네스코 인류무형문화유산에 등재된 것 중에는 외벽을 흙으로 쌓고 내부는 목재로 마감한 공동주택인 투러우가 있다. 중국 남부에 있는 투러우는 700여 년 전 외부의 침입에 대항하려 지은 전통 건물

정부 (지방정부 포함)
건 무형문화재 등록 (2010년)

그림자극 유네스코 세계무형문화유산

공예 유네스코 세계무형문화유산

**무형문화재 보호에 적극적으로 나선 중국 정부는 7만 여 점을 무형문화재로 등재했다.**

로 세계적인 관광명소가 되었다.

**알레산드로 발사모**
유네스코 세계유산센터

유네스코 세계유산에 등재하는 데 정부의 역할을 절대 무시할 수 없습니다. 이런 점에서 중국은 큰 잠재력이 있습니다. 앞으로도 중국은 세계유산에서 중심적 위치를 유지할 겁니다.

나채로운 중국 건축의 전통은 21세기에 새롭게 탄생하고 있다. 2012년 건축학계의 노벨상이라 불리는 프리츠커상 수상자로 중국인 건축가인 왕수가 선정되었다. 그는 수상 소감에서 "완전히 인공적인 현대 건축과 비교해볼 때 자연미를 강조하는 것이 중국 건축의 전통이며 이는 현대 건축에 비해 더욱 우월한 가치를 가진 건축이라 생각한다"고 말했다. 왕수가 설계한 대학 캠퍼스 건물은 기와로 덮은 지붕이 투러우와 닮았다. 그는 중국의 전통에서 영감을 받아 건축물을 설계한다고 밝혔다.

**피터 팔럼보**
2012 프리츠커상 심사위원장

우리는 왕수가 설계한 건물의 아름다움과 그것이 진정한 중국의 색

을 가지고 있다는 사실에 완전히 압도당했습니다.

**프리츠커상 수상자인 왕수는 전통 건물 투러우에서 받은 영감을 활용하여
현대식 건축물을 설계했다.**

중국 예술이 사람들을 매료시키는 요인은 중국만의 독특한 사물 배치나 구도, 색채에 있다. 지금 세계를 뒤흔드는 중국 문화의 특징은 단지 전통문화의 재현이나 창조에만 있지 않다.

중국 공산당은 이제 "국가 문화의 소프트파워를 제고하는 것은 중화 민족의 위대한 부흥이라는 꿈을 실현하는 일이다. 이에 중국은 중국 특색의 사회주의 문화 발전의 길로 나아가면서 문화 체제 개혁을 계속 추진하며 사회주의 문화 대발전, 대번영을 실현해야 한다"고 말한다. 사회주의의 정체성을 잃지 않으면서도 문화의 힘을 키우겠다는 것이다. 이는 중국이 가지고 있는 국가 비전이다. 그에 따른 전략으로 중국은 문화산업을 국민경제 지주 산업으로 육성하고자 한다.

중국 정부가 발 벗고 나서는 문화 사업은 체계적이며 전략적이다. 7만 점의 무형문화재 등재, 공자 학원과 CCTV의 세계 진출, 영화산업에 대한 투자뿐 아니라 문화산업 벨트를 구축하고 문화 인재를 키우는 데도 총력을 기울인다. 출판과 학술 논문에 대한 지원도 왕성하다. 중국의 문화산업 발전 전략은 국가 주도하에 전방위적으로 이루어지고 있으며 그 계획도 구체적이다. 이러한 이유로 중국의 문화 사업은 급격한 성장세를 보이며 이미 세계 곳곳에 영향력을 발휘하고 있다.

## 소수민족 문화의
## 재발견

중국에는 56개의 민족이 살고 있다. 이 중 한족이 인구의 약 91.5%를 차지하고, 나머지 10%도 되지 않는 인구는 55개의 소수민족으로 구성되어 있다. 그동안 중국 공산당은 나름대로 소수민족 우대 정책을 펼쳐왔지만 그들의 문화에까지 관심을 기울이지 않았다. 그런데 최근 중국 정부는 소수민족의 문화를 발굴하고 보호하는 정책을 적극적으로 채용하고 있다.

중국 정부가 소수민족에 대해 견해가 달라진 계기는 베이징 올림픽이었다. 2008년 중국은 베이징 올림픽에 총력을 기울였다. 올림픽은 중국이 세계의 공장이 아니라 찬란한 문명과 역사를 지닌 문화 강국임을 보여줄 기회였다. 또한 티베트의 독립 시위, 신장 지역의 테러 사건 등으로 어려워진 중국의 정치 상황에 아무 문제가 없음을 알리는 기회이기도 했다.

베이징 올림픽 식전 행사에서 세계인들은 소수민족이 선보이는 춤과 노래로 구성된 28가지의 공연을 보았다. 소수민족의 무대는 장장 1시간 15분 동안이나 진행됐고 3,000명의 예술단은 '화和'를 만들어냈다. 올림픽을 통해 중국이 추구하는 것이 '화합'임을 널리 알리고자 한 것이다. 그리고 소수민족의 무대는 화합을 넘어서 또 하나의 가치를 생산해냈다. 중국 정부는 다양한 소수민족 문화가 중국의 문화를 풍성하게 해준다고 인식하기 시작했다.

베이징 올림픽이 계기가 되어 중국 정부는 소수민족의 문화를 지키거나 오히려 특화하는 작업을 진행 중이다. 국가 통합과 안정을 위해 화합하되 문화 콘텐츠로 가치가 있는 각 민족의 개성을 그대로 유지하는 방식으로 소수민족에 대한 정책 방향을 수정했다.

하지만 티베트와 신장웨이우얼은 역사, 종교, 사회, 문화적 요인으로 여전히 분리 독립을 향한 의지가 강하다. 한족에 대한 상대적 박탈감으로 아직도 곳곳에서 소수민족의 크고 작은 시위가 일어난다.

중국이 베이징 올림픽에서 천명한 화합은 중국 내 소수민족의 문제에 어떻게 대응하느냐에 따라 그 진정성이 증명될 것이며 소수민족의 불만을 잠재우고 진정한 화합의 길로 이끌 수 있을 것이다.

분명한 것은 중국 정부는 이전과 달리 소수민족의 문화가 중국이

베이징 올림픽 이후 중국은 소수민족의 전통문화를 발굴하고 보호하기 시작했다.

문화 대국으로 가는 길에서 아주 중요하다는 것을 인식하고 있으며, 그에 따라 정책 변화를 시도하고 있다는 사실이다.

PART **7**

# 중국식의
# 강력한 지도력,
# 공산당 리더십

# 중국 공산당의
# 강력한 리더십의 비밀

## 고도로 중앙집중화된
## 권력 시스템

　　　　　　　자본주의 시장경제와 사회주의 공산당의 지배가 공존하는 중국은 다른 나라에서 볼 때 기묘한 국가이자 연구 대상이다. 자본주의와 사회주의가 어떻게 공존할 수 있을까? 중국이라는 모델이 없었다면 상상조차 할 수 없는 일이다. 그런데 중국은 세계 어디에도 없는 이원 체제를 유지한다. 무엇보다 놀라운 점은 공산주의 정치 체제에서는 자본주의가 성장할 수 없을 것이라는 세계의 우려와 달리 눈부신 경제성장을 이루어냈다는 점이다. 우리는 이를 어떻게 이해해야 할까?

　사유재산을 인정하지 않는 공산주의 사회에서 시장이 개방되었을 때 뒤따르는 혼란과 무질서는 중국에서 일어나지 않았다. 시장 자유주의의 과육을 맛본 사람들이 더 많은 자유를 요구하며 정부에 반기를 드는 일도 일어나지 않았다. 중국을 예의주시한 세계는 놀라움을 금치 못했으며 어떻게 이 같은 일이 가능한지 다각도로 분석하기 시작했다. 이 기묘한 나라의 눈부신 경제성장에는 찬란한 문명, 중국인의 저력, 넓은 대륙의 힘이 있었다. 단 하나로 설명할 수 없는 성장의 에너지는 거미줄처럼 얽혀 그 영향력을 확대한다. 이 모든 힘을 응집해 구체적인 결과물을 만들어나가는 중심에는 '중국 공산당'이 있다.

중국 공산당은 국가 조직에서 가장 우위에 있다. 군대와 행정부가 당 아래에 속해 있고, 당 조직 400만 개가 대륙 전체에 뻗어 있다. 매년 3월 베이징 인민대회당에는 중국 인민 대표 3,000명이 모여든다. 전국인민대표대회는 의회와 같은 곳이지만 사실상 모든 결정은 당

| 전인대 1차 회의 폐막식 2013년 3월 17일

매년 3월 베이징 인민대회당에서 전국인민대표대회가 열린다.

중앙이 내리고 의회는 이를 속전속결로 처리한다. 고도로 중앙집중화된 정치 시스템은 중국 공산당의 특징이다.

　서열 1위 시진핑 주석을 필두로 리커창, 장더장, 위정성, 왕치산, 류윈산, 장가오리까지 7명의 공산당 정치국 상무위원이 중국 권력의 핵심이다. 상무위원들은 핵심 정치가로서 국가의 핵심적인 전략을 결정한다. 그리고 이들의 결정을 당의 하부 조직이 각각 관철하고 실행한다.

　중국의 최고 권력은 중국 공산당이다. 공산당의 결정은 정치, 경제, 사회 등 모든 분야에 절대적인 영향을 미치며 그 누구도 거역할 수 없다. 심지어 법 위에 서 있기도 하다. 중국 최고인민법원이 중국의 의회인 전국인민대표대회에 보고한 내용에 따르면 판사가 첫 번째로 충성해야 하는 대상은 중국 공산당이고 그다음이 정부, 인민이며 역설적이게도 법이 마지막을 차지한다.

　중국 중앙정부와 공산당의 주요 기관은 중난하이에 모여 있다. 중난하이는 중국의 정치 일번지로 모든 정책과 결정이 이곳에서 이루어진다. 중난하이 정치 시스템의 특징은 '신속성'과 '추진력'이다. 이는 공산당 권력이 고도로 중앙집중화되어 있기에 가능한 일이다. 바로 이러한 이유로 공산당은 중국 경제를 짧은 기간 동안 반석 위에 올려놓을 수 있었다.

공산당 조직도(사진 위)와 중국 권력의 핵심인 7명의 공산당 정치국 상무위원(사진 아래)

**리처드 맥그리거**
〈파이낸셜 타임스〉 워싱턴 지국장

중국이 발전하는 어떤 단계에서 어딘가에 4만 명의 인력이 필요하다면 당은 이렇게 답합니다. "좋아, 4만 명을 모아줄게. 다음 주까지 몽골에 보내줄게." 또 누군가 길, 호수, 집을 만드는 데 5만 명과 은행 대출이 필요하다고 말한다면 당은 이렇게 답합니다. "좋아, 우리가 준비해서 몇 달 안에 다 해결해줄게." 오늘날 전 세계에서 이런 일을 할 수 있는 힘과 능력을 갖춘 집단은 중국 공산당뿐입니다.

이는 확실히 민주 사회와는 거리가 멀다. 단 하나의 정당만이 권력을 잡고 있으며 그 권력에 반하는 것을 허용하지 않는다. 집권 정당인 공산당이 곧 중국 정부이며 그곳에서 결정된 것은 무조건 신속하게 처리된다. 이 때문에 거대한 대륙, 어마어마한 인구를 결집해 경제성장이라는 한 방향으로 끌어당길 수 있었다. 반면 정치적 자유는 제한적이며 이에 대한 부작용도 적지 않게 나타난다. 하지만 경제는 물론 군사, 외교에서도 강한 힘을 발휘하는 것을 목격하고 자신들이 강대국 국민임을 구체적으로 체감하는 중국 국민에게 공산당은 타파해야 할 일당 독재가 아니다.

공산당을 어떻게 생각하는지 묻는 인터뷰에서 한 시민은 이렇게 말했다.

"먹고 마시고 입고 사는 것이 다 좋아졌어요. 천지개벽 수준으로 모든 것이 편해졌죠. 그래서 우리는 미래에 대해 확신이 넘쳐요. 공산당이 없으면 신중국이 없고, 공산당이 없으면 중국을 발전시킬 수 없어요."

## 붉은 전화기로 연결된
## 300명의 권력자

2014년 시진핑 국가주석은 이례적으로 자신의 중난하이 집무실에서 신년사를 발표했다. 그런데 화면에 잡힌 물건 중에 눈에 띄는 것이 있었다. 책상 위에 놓인 두 대의 붉은 전화기다. 붉은 전화기는 중국 전역의 당 고위 간부, 국영기업 사장 등 권력자 300명을 연결하는 직통전화로 알려져 있다. 이 전화기는 어떻게 쓰이는 것일까?

**리처드 맥그리거**
〈파이낸셜 타임스〉 워싱턴 지국장

붉은 전화기는 중앙위원 같은 중국의 핵심 엘리트에게만 있습니다.

공산당 핵심들이 공유하는 내부 통신 시스템이죠. 붉은 전화기는 중국의 당 핵심들이 어떻게 연결되어 있고 중요한 일을 어떻게 공유하는지 상징적으로 보여줍니다.

두 대의 붉은 전화기 중 하나는 높은 급의 사람과 연결되고, 다른 하나는 낮은 급의 사람과 연결된다. 높은 급의 사람과 연결되는 전화기는 일명 '1호기'다. 1호기는 여느 전화기와 달리 번호판이 없다. 수화기를 드는 순간 교환원이 받아 원하는 사람과 연결해준다. 암호 설정 버튼도 따로 필요하지 않다. 이 전화기를 통한 통신 자체가 보안이 되어 있으며, 내부에 도청 방지 장치가 장착되어 있다.

다른 한 대는 군용 보안 전화로 통신 내용을 암호화할 수 있다. 하지만 1호기와 달리 번호판이 있어서 중국 군대의 누구와도 통화할

2014 시진핑 주석 신년사

**붉은 전화기는 권력자 300명을 연결하는 직통 전화다.**

수 있다. 그리고 8,700만 공산당원을 움직인다.

붉은 전화기는 권력의 상징이다. 이 전화기는 중앙정부 부부장(차관급) 이상의 고위 간부에게만 주어진다. 권력을 가지고 있지 않은 사람은 애당초 이 전화기를 언감생심 꿈도 꿀 수 없다. 이 때문에 국영기업의 사장들은 붉은 전화기를 하사받기를 원한다. 붉은 전화기를 가졌다는 것은 중국 권력의 핵심에 가까워졌음을 의미한다. 붉은 전화기의 벨이 울리면 천지가 바뀌는 한이 있어도 반드시 받아야 하며, 수화기 저편의 권력자가 하는 말에 매이게 된다.

붉은 전화기는 비밀스럽다. 중국을 움직이는 300명의 핫라인으로 그들의 통화는 대부분 비밀에 부쳐진다. 하지만 붉은 전화기는 더 이상 비밀스러운 존재가 아니다. 사람들은 이미 중국의 권력자들이 핫라인을 가지고 있으며 그것을 통해 신속하게 중요한 결정을 내린다는 것을 안다. 붉은 전화기는 중국 공산당의 힘이 다양한 곳에 뻗어 있음을 보여주는 것이기도 하다.

---

## 공산당 지도부에
## 바보는 없다

중국 공산당은 중화인민공화국의 집권 정당이다. 1921년 창당, 1949년 대륙을 통일한 이후 지금까지

한 번도 집권 정당의 자리를 놓친 적이 없다. 현재 약 8,700만 명의 당원을 거느리고 있는 세계에서 가장 큰 정당이다. 하지만 입당은 결코 쉽지 않다. 공산당은 엄격한 절차로 검증된 사람만을 당원으로 받아들인다. 당원 후보자는 학교 성적, 인간관계, 사회생활 능력이 좋아야 한다. 이뿐만 아니라 3년 동안 당에 헌신하는 과정도 필요하다. 당원이 되었다고 해서 안심할 일도 아니다. 일 년에 한 번씩 당원으로서 실적을 검증받는 시험에 통과해야 한다.

중국에서는 일반 당원이 되기도 이처럼 까다롭다. 그래서 자신이 공산당 당원이라는 것만으로도 뿌듯해 하며, 당원이 되기를 꿈꾸는 사람에게 선망의 대상이다. 일반 당원의 위상이 이 정도니 공산당 지도부의 위상은 상상을 초월한다.

공산당 지도부가 되는 길은 더 멀고 험난하다. 공산당의 간부는 700만 명이다. 이들은 우리나라의 읍, 면에 해당하는 향, 진에서 시작하여 현급, 시급, 성급의 순으로 단계적으로 점점 더 큰 지역을 다스리는 경험을 거친 후에야 중앙 간부가 될 수 있다. 이들 가운데 중앙 간부가 될 확률은 1만 4,000분의 1로 최소 23년의 시간이 필요하다. 중국 공산당의 지도부가 되었다는 것은 오랜 시간에 걸쳐 능력과 자질을 인정받았으며 당에 대한 충성도가 높음을 의미한다.

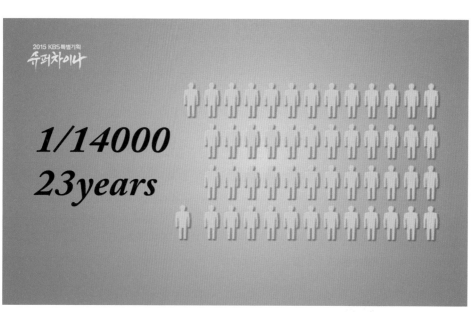

*1/14000*
*23years*

**공산당 지도부가 되는 길은 멀고 험하다. 일반 간부에서 중앙 간부가 될 확률은
1만 4,000분의 1이며 최소 23년이 걸린다.**

**리처드 맥그리거**
〈파이낸셜 타임스〉 워싱턴 지국장

중국의 지도자는 모두 인구 1,000만의 도시를 통치한 경험이 있습니
다. 그리고 중앙 부서에 가서 또 다른 경험을 쌓습니다. 중국의 톱 지
도자가 될 때는 이미 상당히 강하고, 잘 훈련되어 있고, 시스템이 어
떻게 돌아가는지 매우 잘 압니다. 중국의 지도자 중 바보는 없습니다.

중국 공산당 지도부에는 바보가 없다. 지도자가 지녀야 할 자질이나 역량이 조금이라도 부족한 사람은 애당초 지도부로 올라설 수도 없다. 현재 중국 최고 지도자인 시진핑 주석도 이 같은 과정을 전부 거쳐야 했다.

시진핑은 1974년 공산당에 입당했다. 그로부터 40년이 지난 2013년에 국가주석의 자리에 오르기까지 그가 거친 직책만 16개이며 통치한 지역 인구수는 1억 5,000만 명에 이른다. 깜짝 정치 스타로 국가주석의 자리까지 오른 것이 아니라, 지난한 시간 동안 풍부한 경험을 쌓은 인물이다.

**세춘타오**
중국 공산당 중앙당교 교수

세계 지도자들 중에는 주지사도 안 해보고 국가 지도자가 된 사람도 있습니다. 시진핑은 초급 간부부터 모든 직위를 경험해본 사람입니다. 이것은 그의 경험과 경력이 풍부하고, 각기 다른 직위에서 복잡한 여러 가지 문제를 마주하고 처리해보았다는 뜻입니다.

중국의 지도부 선출은 다른 민주주의 국가에서 선거로 선출하는 것과는 확실히 다른 방식이다. 따지고 보면 매우 비민주적 시스템이

다. 하지만 중국인은 정작 이 시스템에 비판의 목소리를 내지 않는
다. 중국의 경제성장은 이처럼 검증된 능력을 갖춘 지도자들의 힘에
서 비롯된 것이라고 믿기 때문이다.

# **공산당**의 **진화**는
# 계속된다

---

## 하나의 국가,
## 강력한 집권 국가에 대한 열망

무명이라는 남자가 있다. 그는 진
시황을 암살하고자 비장의 검술을 익혔다. 그리고 기다리던 때가 왔
다. 진시황 바로 앞에 서게 된 것이다. 이제 그는 비장의 검술로 왕을
죽이기만 하면 된다. 하지만 그는 왕을 죽이는 대신 자기의 죽음을
택했다. 그 이유는 진시황의 뜻 때문이다.

"전국 칠웅이라 불리는 진, 초, 제, 한, 위, 조, 연의 일곱 나라가 시
시때때로 전쟁을 펼치고 있다. 이로 인해 백성들은 죽음과 굶주림의
고통에 시달린다. 백성을 편히 살게 하고 천하를 안정시키려면 강력
한 집권 국가로 뭉쳐야 한다. 그 일을 다름 아닌 진시황 자신이 해낼

수 있다."

무명은 진시황의 꿈을 믿었다. 강력한 집권 국가가 난세를 잠재울
수 있으리라 생각했다. 그래서 그는 자기의 죽음으로 천하 통일이라
는 대의를 지키고자 했다.

이 이야기는 장이머우 감독의 영화 〈영웅: 천하의 시작〉의 한 장면
이다. 진시황이 춘추전국시대를 통일해야 했던 정당성을 부여하면서
강력한 집권 국가만이 천하를 평화롭게 한다는 주제를 내포하고 있
다. 그런데 이는 춘추전국시대의 천하 통일이라는 역사적인 의미 부
여에만 한정되지 않는다. 하나의 중국, 강력한 집권 국가에 대한 열
망은 여전히 유효하며 현재 진행 중이다.

중국은 1999년부터 만들기 시작한 위안화 신권에 전부 마오쩌둥
의 초상화를 그려놓았다. 노동자, 농민, 소수민족의 얼굴이 그려져
있던 구권을 왜 이렇게 바꾸었을까?

1949년 중화인민공화국을 선포한 마오쩌둥은 중국인에게 신과 같
은 존재다. 중국의 주요 기차역 앞 광장에는 마오쩌둥의 동상이 있으
며, 그의 고향 후난 성에는 해마다 참배객이 수백만 명씩 몰려든다.
중국인에게 마오쩌둥은 19세기 제국주의 열강과 20세기 일본의 침
략으로 무너진 자존심을 바로잡아준 영웅이다.

마오쩌둥은 진시황을 가장 존경했으며 진시황의 염원인 '강력한
통일 국가, 하나의 중국'을 그 자신도 염원한 인물이다. 실제로 마오

마오쩌둥의 고향 후난 성을 찾은 참배객들. 마오쩌둥 이후 중국 공산당은 비약적으로 성장했다.

쩌둥 이후 중국 공산당은 비약적으로 성장해왔다. 이에 중국 공산당은 마오쩌둥을 영웅화함으로써 공산당에 대한 충성도를 굳건히 다지고자 했다.

현재 중국 공산당원 수는 약 8,700만 명으로 중국인 15명 중 1명이 당원인 셈이다. 당원은 정부 조직뿐 아니라 기업과 학교 등 곳곳에 배치되어 당을 위해 움직인다. 공산당의 정보 네트워크는 거미줄처럼 촘촘히 짜여 있으며 당원의 보고가 신속하게 전달된다.

**세춘타오**
중국 공산당 중앙당교 교수

중국 공산당 당원은 수뿐만 아니라 그들의 선진성, 행동 등 질적 요건이 중요하다고 생각합니다. 물론 수도 중요합니다. 중국 공산당 당원은 중국 각지에 퍼져 있어야 하기 때문이죠. 사람이 있는 곳이라면 중국 공산당 조직이 꼭 있어야 합니다.

이처럼 거대한 네트워크를 지니고 있기에 중국 대륙에서 중국 공산당의 힘이 미치지 않은 곳이 없을 지경이다. 이런 점 때문에 거대한 대륙, 어마어마한 인구수를 자랑하는 국가임에도 공산당이 고도로 집중화된 권력을 가질 수 있다. 이 권력은 고인 물처럼 썩는 것을 지양한다. 세상의 변화를 능동적으로 받아들이며 끊임없이 진화를 꾀한다.

중국 공산당이 지키고자 하는 것은 중앙정부, 더 나아가 국가와 동일시된 권력이다. 이 권력을 지키기 위해서는 변화에 빠르게 대처하고 국민의 지지를 등에 업어야 한다는 것도 충분히 알고 있다. 중국인은 여전히 공산당에 대한 신뢰와 지지를 거두지 않고 있다. 오히려 공산당의 힘이 지금의 중국을 이끌어왔다고 생각하며 당원이 되기를 원한다.

**마오쩌둥 이후 비약적으로 성장한 중국 공산당은 당원 수가 현재 약 8,700만 명이다.**

**리처드 맥그리거**
〈파이낸셜 타임스〉 워싱턴 지국장

경제가 성장하고 더욱 부자가 되는데 봉기할 이유가 없죠. 당신이 승자인데 왜 봉기를 일으키겠습니까? 중국의 중산층, 특히 도시의 중산층은 승리자입니다. 결국 당신이 승리자라면, 시스템에 반대할 이유가 없는 것이죠. 오히려 그 시스템에 붙어 있게 됩니다.

## 대중을 끌어안은
## 삼개대표론

공산주의는 이론상 자본가 계급이 소멸하고 노동자 계급이 주체가 된 생산 수단의 공공 소유에 기반을 둔 무계급 사회 조직, 또는 공동체를 지향한다. 반면 자본주의 사회에서 노동자는 자본가가 노동력을 구입해 일을 시키는 존재에 불과하다. 그래서 마르크스는《자본론》에서 자본가와 노동자의 관계를 이렇게 설명했다.

"화폐 소유자는 자본가로서 앞장서 걸어가고, 노동력을 가진 자는 그의 노동자로서 뒤를 따라간다. 전자는 거만하게 미소를 띠고 사업에 착수할 열의에 차 바삐 걸어가고, 후자는 자기 자신의 가죽을 시장에서 팔아버렸으므로 이제는 무두질만을 기다리는 사람처럼 겁에 질려 주춤주춤 걸어간다."

공산주의 사회에서 자본가는 긍정의 대상이 아니다. 오히려 노동자를 착취해 자기 재산을 불리는 유산 계급일 뿐이다. 그래서 과거 공산주의 사회인 중국에서 자본가는 공산당 가입이 불가능했다. 그런데 2001년에 중국 공산당은 놀라운 변신을 꾀한다. 노동자나 농민이 아닌 자본가, 기업가, 자영업자의 공산당 입당도 허용한 것이다. 이들이 당원의 자격을 얻을 수 있도록 장쩌민 전 국가주석은 당헌을 고치는 결단력까지 보였다.

사실 사회주의 국가에 민영기업이 있다는 것 자체가 이상한 일이다. 중국에서 민영기업이 부활한 것은 1980년대 중반이다. 당시 중국은 경제를 발전시키기 위해 민영기업이 필요하다고 여겼다. 실제로 민영기업은 GDP의 60%를 차지하는 성과를 내기도 했다. 이에 힘입어 1990년대에 민영기업은 가파른 증가세를 보이는데, 공산당은 이들을 경제성장에서 중요한 지위를 차지하는 '통일전선 정책'으로 대한다.

그러다 2001년에 이들의 공산당 입당을 허용할 뿐 아니라 새로운 엘리트로서 수용하는데, 이것이 이른바 '삼개대표론'이다. 삼개대표론의 요지는 선진 생산력(자본가), 선진 문화 발전(지식인), 광대한 인

삼개대표론 사상은 자본가의 공산당 입당을 허용하며
중국 공산당 조직에 새로운 변화를 가져왔다.

민(노동자, 농민)의 근본 이익을 위해 개인 기업가의 입당이 필요하다는 것이다.

마오쩌둥에게는 마르크스-레닌주의를 중국의 현실에 맞게 창조적으로 계승 발전시킨 '중국 특색의 사회주의' 이론이 있었다. 덩샤오핑은 중국 경제를 성장하게 하기 위해 사적 유물론 이론을 발전시켰다. 장쩌민 역시 자신만의 이론을 발전시킬 필요가 있었다. 그래야 자신의 권력을 공고히 지킬 수 있으며, 단지 마오쩌둥과 덩샤오핑을 그대로 계승한 인물로만 평가받지 않게 된다. 그는 삼개대표론 사상을 체계적으로 구축하는 데 많은 노력을 기울였다. 또한 사회주의 영웅들의 이론인 마르크스-레닌주의, 마오쩌둥 사상, 덩샤오핑 이론을 계승 발전한 것임을 강조하는 것도 잊지 않았다.

2001년 장쩌민은 "중국 공산당이 새로운 세기와 새 단계를 맞이하여 당의 새로운 행동 강령이 통과되었습니다. 마르크스-레닌주의, 마오쩌둥 사상, 덩샤오핑 이론과 함께 3개의 대표 사상이 당의 새로운 지도 사상이 되었습니다"라고 삼개대표론을 발표한다.

삼개대표론의 등장은 중국 공산당이 시대의 흐름에 얼마나 발 빠르게 부응하는지를 보여주는 대표적인 사례다. 사적인 부를 인정하지 않고서 자본주의 사회와 경쟁하기란 불가능하다. 하지만 사회주의 국가에서 사적인 부를 인정하면 되레 체제 자체를 통째로 흔들리게 하는 위험부담이 있다. 그런데 중국 공산당은 사적인 부를 인정할 뿐 아니라 민영기업가를 공산당의 일원으로 끌어안으며 긴밀한 관계를 구축하고 많은 혜택을 주었다.

민영기업가는 국가에 대항해서는 안 되며 정치적 요구를 해서도 안 된다. 연대를 통한 집단행동도 불가능하다. 만약 어떤 문제가 발생하면, 앞에서 언급했던 붉은 전화기로 비밀스러운 채널을 통해 중요한 이야기를 전달하거나 전달받듯 오로지 사적인 채널을 통해 해결해야 한다. 삼개대표론은 공산당이 민영기업을 품어 그 지위를 승격시킨 반면 민영기업이 위험 세력으로 떠오르는 것을 애당초 무력화시키는 효과도 있다.

**리처드 맥그리거**
〈파이낸셜 타임스〉 워싱턴 지국장

민영 부문이 커지고 그 힘이 점점 강해지자 실제로 중앙 권력을 위협하는 대체 세력으로 떠올랐습니다. 하지만 공산당이 기업가들을 당으로 끌어들여 그들의 세력화를 무력화했습니다. 기업가에게 공산당 멤버십과 네트워크, 효과적인 혜택을 제공하며 정치적 위험으로부터도 보호해주었기 때문입니다.

삼개대표론은 중국 공산당이 집권당으로서 어떻게 해야 대중의

옹호와 지지를 얻을 수 있는지 고민해온 결과 모색한 길이다. 공산주의와 자본주의가 묘하게 공존하는 것을 보여주는 대표적인 사례다.

## 고향으로 돌아오는
## 청년 당원들

산업화는 농촌을 뒷전으로 밀어낸다. 경제 발전은 대도시를 중심으로 재편되며 젊은이들은 일자리를 찾아 도시로 몰려든다. 중국 역시 산업화로 도시와 농촌의 간극이 심각하게 벌어지는 상황이 발생했다. 이에 시진핑 정부는 도시와 농촌의 균형 발전에도 관심을 기울이기 시작했다. 그 일환으로 농업 현대화 정책을 추진하고 있다. 이 정책에서 눈에 띄는 것은 2007년에 도입한 '대학생 촌관 제도'다.

대학생 촌관 제도는 대학생을 농촌의 관리자로 보내 해당 지역 사회의 발전을 유도하는 제도다. 촌관은 가장 작은 단위의 공산당 리더다. 공산당은 현재 촌관 21만 명을 중국 구석구석 산골 오지까지 파견하고 있다. 이들은 촌의 당서기나 직선으로 선출된 촌장 밑에서 마을의 각종 민원을 해결하거나 주민들의 삶의 질을 높이는 데 힘을 쏟는다.

촌관을 맡은 젊은이들은 마을을 아름답게 건설하면서 촌민을 위

대학생 촌관 제도는 취업난을 해결함과 동시에 농촌까지
공산당이 뿌리를 내릴 수 있는 역할을 한다.

해 많은 일을 하고 있다는 생각에 자기 일에 긍지를 가진다. 촌관이
되면 해당 촌으로부터 괜찮은 국유기업의 초임에 해당하는 돈을 월
급으로 받는다. 촌관 근무로 가산점을 받으면 대학 졸업 후 정식 공
무원으로 진입하기도 쉬워진다. 하지만 원한다고 해서 누구나 다 촌
관이 될 수 있는 것은 아니다. 어느 농촌 마을의 촌관 경쟁률은 200
대 1이라는 기록을 세우기도 했다.

대학생 촌관 제도는 농촌에 젊은 피를 수혈해 농촌의 현대화에 박
차를 가하고자 하는 공산당의 의도가 반영되었다. 이와 더불어 대학
생 고용 창출의 효과도 있다. 고속 경제성장을 하고 있지만 중국에서

도 대학생 취업난은 중국 정부가 해결해야 하는 문제 중 하나다.

대학생 촌관 제도에 대한 중국 정부의 관심이 얼마나 높은지는 2014년 1월 시진핑 주석이 한 대학생 촌관에게 친필 서명이 든 편지를 보낸 것만 봐도 알 수 있다.

23세의 한 여대생은 촌관 시험에 합격해 농촌에서 열심히 일해왔다. 그런데 급성백혈병 진단을 받게 되었다. 여대생은 병이 완치되면 다시 촌관으로 돌아가겠다고 약속했고 그 약속을 지켰다. 이후 그녀는 시진핑에게 "시 주석의 기대를 저버리지 않을 것"이라는 내용의 편지를 썼다. 그러자 뜻밖에도 시진핑이 그녀에게 답장을 한 것이다.

"건강을 회복해 다시 촌관의 본분으로 돌아간 데 대해 기쁘다. 대학생 촌관들이 사회 근간에 뿌리를 내리고 견문을 넓혀 능력을 쌓기를 바란다. 농촌과 농민의 발전을 이루고 후회 없는 청춘을 보내라."

이 편지는 중국 일간지에 미담으로까지 보도되었다. 시진핑 주석의 말처럼 대학생 촌관 제도는 공산당이 사회 근간에 뿌리를 내리는 역할을 수행한다. 이들은 정기적으로 당 상부 조직에 들러 활동을 보고하며 거미줄 같은 네트워크를 형성한다. 기초 단위의 당 조직에 불과하지만, 인민의 삶에 파고들어 공산당의 하부 구조를 튼튼히 하는데 일조한다.

## 보이지 않아도
## 당은 어디에나 존재한다

중커 소프트웨어는 2002년에 설립된 중견 IT 기업이다. 이 회사를 창업한 장후이처 사장은 기업가가 된 후 공산당에 가입했다. 전국인민정치협상회 위원이기도 한 그는 당원인 것이 사업에 유리하다고 말한다. 심지어 그는 직원을 뽑을 때도 공산당원을 더 선호한다. 당원을 더 믿을 수 있다고 생각하기 때문이다.

**장후이처**
중커 소프트웨어 대표

전국인민대표대회 대표든 전국인민정치협상회 위원이든 정치에 참여하고 건의할 책임과 의무가 있습니다. 기업 입장에서도 정부의 목표나 방향에 따라 제시간에 경영 전략을 조절할 수 있죠. 정부가 정책을 추진할 때도 기업의 참여가 더 좋은 결과를 낼 수 있습니다. 그래서 전국인민정치협상회 위원으로 활동하는 것이 회사에 큰 도움이 됐습니다.

중국에는 국영기업은 물론이고 일정 규모 이상의 민영기업에도

장지칭 수석변호사 Super China
상해시 사법부와 우리 구의 사법부 회의에서
법률회사 당지부에서도 함께 공부하라는 지침을 내렸습니다

**기업 내 당 지부 모임을 통해 당의 정책을 공유하고 지침에 따라 함께 학습한다.**

대부분 당 위원회가 있다. 기업 당 위원회는 정부의 경제 정책을 그 때그때 현장에 반영해 실질적으로 구현하는 중요한 역할을 한다.

기업가가 전국인민대표대회에 참여하는 것은 매우 중요하다. 매년 정부의 예산이나 중요 정책은 전국인민대표대회와 회의에서 알 수 있기 때문에 그때그때 적절하게 정부의 정책에 맞춰 회사를 이끌어 갈 수 있다는 장점이 있다.

공산당원이 된다는 것은 배경과 실력을 검증받았음을 뜻한다. 공산당원이 되려면 학창시절부터 우수한 학업 성적을 내야 하며 리더십을 보여줘야 한다. 사회에 나와서도 마찬가지다. 공산당은 당원 후보자를 여러 단계에 걸쳐 검증하며 그 검증을 통과해야만 당원이 될 수 있다. 이는 확실히 기업가에게 플러스 요인이다. 공산당원이라는 것만으로도 실력을 갖추고 있으며 믿을 만한 사람이라는 꼬리표가

붙기 때문이다. 장후이쳐 사장이 공산당원인 직원을 뽑는 것도 이와 같은 맥락이다.

상하이 중화법률사무소도 중커 소프트웨어와 상황이 다르지 않다. 변호사만 100명 넘게 있는 대형 로펌이지만 이곳에서도 수시로 모임을 열어 당의 최신 정책을 공유하고 현장에 적용할 방안을 학습, 토론한다. 이 법률 사무소의 장지칭 변호사는 대학생 때 공산당에 입당했는데, 그와 같은 이력을 가진 사람이 한 둘이 아니다.

중국 공산당은 기업인, 전문직을 두루 포함하는 엘리트 집단으로 진화하고 있다. 이는 확실히 삼개대표론의 성과다. 노동자, 농민뿐 아니라 자본가와 지식인까지 두루 포용하면서 공산당은 그 세력을 구석구석까지 넓혔다. 그래서 중국에는 이런 말이 있다.

"공산당은 보이지 않지만 어디에나 있다."

# 중국 경제를 발전으로 이끈
# 공산당 리더십

<br>

___

**덩샤오핑이 기획한**

**공산당의 개혁개방 노선**

중국 국가박물관에는 가장 큰 전시관에서 '부흥의 길'이라는 상설 전시가 열린다. 이 전시는 중국의 근현대사를 담고 있는데, 특히 마오쩌둥 이래 중국 공산당의 역사와 성과를 적극적으로 선전한다.

중국 근현대사의 핵심은 '개혁개방'이다. 공산주의 국가인 중국을 개혁의 길로 이끈 시초는 덩샤오핑이다. 덩샤오핑은 대범하고 도전 정신이 강한 사람이다. 그는 일찍이 중국의 미래를 기획했다. 중국이 세계 최대의 무역 국가가 되면 어떻게 될지를 생각하고 그 그림을 그렸다. 그래서 탄생한 것이 중국 최초의 경제특구 '선전'이다.

선전은 주강 삼각주 주변을 중심으로 홍콩과 광저우의 중심축에 위치한다. 상하이나 광저우와의 접근성도 좋다. 개혁의 시험장이면 서 대외개방의 창구로는 아주 적절한 지역이다.

덩샤오핑이 경제특구를 지정하고 경제특구를 중심으로 개혁개방을 추진하는 바탕에는 '선부론'이 있었다. 선부론은 덩샤오핑이 개혁개방 시대를 선포하며 외친 선언이다.

"전국의 모든 지역, 모든 국민이 한꺼번에 부자가 될 수 없다. 그러니 국가의 일부 지역, 일부 사람이라도 먼저 부자가 되어야 한다."

당시 선부론은 현실적인 대안이었으며 중국인의 지지를 이끌어냈다. 하지만 선부론은 빈부격차를 조장하고 양극화를 심화하는 위험을 내포하고 있었다. 실제로 중국은 불균형으로 인한 성장통을 앓고 있다. 이에 중국은 선부론에서 균부론으로 정책의 방향을 바꿔가는 중이다. 모든 사람이 공평하게 잘사는 사회, 이것이 중국이 진정으로 목표한 개혁개방 노선이다. 이는 덩샤오핑이 여든여덟의 노구를 이끌고 선전을 시찰한 후 "개혁개방 노선은 향후 100년 동안 흔들림 없이 지속해야 한다"고 강조한 데서도 드러난다.

중국 공산당은 변화를 두려워하지 않는다. 변화에 따라붙기 마련인 위험이나 오류를 감수하고서라도 추진하는 리더십이 있다. 이는 경제특구 선전을 대하는 방식에서 여실히 드러난다.

선전으로 시작된 개혁개방 노선은 중국인을 배고픔에서 해방시켰

중국 최초의 경제특구인 선전

덩샤오핑은 선전 개발을 지휘한 개혁개방의 총설계자다.

다. 한때 세계은행 총재가 "지구촌 빈곤 해결 문제에서 67%의 성공은 중국에 달려 있다"고 말할 정도로 중국은 식량 부족에 시달리는 가난한 나라였다. 덩샤오핑은 "중국 인민을 배불리 먹게 하겠다"는 약속을 개혁개방 정책으로 지켜냈다.

물론 가파른 경제성장에도 불구하고 모든 이가 배불리 먹는 사회는 도래하지 않았다. 하지만 개혁개방 정책은 중국인의 생활 수준을 전반적으로 높였을 뿐 아니라 중국의 위상까지 높여놓았다.

중국 공산당의 리더십은 그들이 가지고 있는 강력한 권력에만 집착하지 않고 중국 전체의 발전을 꾀해 더 강력한 중국을 만들어나가고자 하는 비전에 있다. 그들은 비전을 현실화하기 위해 끊임없이 학습하며 변신한다. 중국 공산당의 최고 실세 50여 명은 한 달이나 두 달에 한 번 함께 모여 공부하는 집체 학습을 진행한다. 이 학습의 강사는 정치, 경제, 사회, 문화, 과학 등에서 최고의 권위자들이다. 최고 실세들은 이 학습을 통해 다양한 시각으로 사회 문제의 해결책을 찾고자 한다. 정치인이 각 분야의 전문가를 선생으로 모셔와 학습하고 토론하는 것은 어디에서도 볼 수 없는 모습이다.

## 기업을 통한
## 사회주의의 실현

　　　　　　　　　　　양쯔강 하류에는 융롄촌이라는 마을이 있다. 이곳은 원래 벼농사로 유명했지만 철강 기업인 융강 그룹의 마을로 주목받고 있다. 1984년 작은 압연 공장으로 시작한 융강 그룹은 연간 1,000만 톤이라는 철 생산량을 자랑한다. 한 해 수출로 벌어들이는 돈만 6조 2,000억 원인 알짜배기 기업이다. 이 기업에서 일하는 직원은 1만여 명인데 그중 3,000여 명이 융롄촌 주민이다.

　융강 그룹의 창업자이자 회장인 우둥차이는 융롄촌 공산당 지부 당서기를 겸임한다. 그는 덩샤오핑의 개혁개방이 선포된 1978년 융롄촌에 부임했다. 인민해방군 출신으로 21살에 입당한 열혈 공산당원이다.

　우둥차이 서기가 융롄촌에 왔을 때 마을은 이 일대에서도 가장 가난한 농촌이었다. 그는 주민들의 토지를 수용해 그 위에 공장을 지었다. 대신 주민에게는 기업 지분의 25%를 나누어주었다.

**우둥차이**
융강 그룹 회장, 융롄촌 당서기

　모든 결정은 융롄촌 당 위원회가 합니다. 융롄촌의 공산당원들은 촌

가난한 농촌 마을이던 융렌촌은 융강 그룹에 의해 모두가 부유한 마을로 변신하여
중국 특색의 사회주의 시장경제에 부합하는 사례가 되었다.

민과 사원을 이끌며 함께 부를 만들어나갔고 다 같이 부유해지는 길을 일궈냈습니다.

우둥차이 회장이 융강 그룹을 창업한 지 30년이 지난 지금, 융롄촌은 여느 도시 부럽지 않게 성장했다. 허허벌판에는 현대식 주택단지가 세워지고, 각종 편의시설이 들어섰다. 현재 융롄촌은 중국에서 가장 부유한 농촌 마을로 손꼽힌다. 마을 입구에 있는 황금손이 그 부를 상징한다.

주민은 누구나 내 집 한 채씩은 소유하고 있다. 주민 복지도 타의 추종을 불허한다. 여성은 50세 이상, 남성은 60세 이상이 되면 노인 전용주택을 무상으로 제공받는다. 노인연금 외에도 당 지부가 매월 별도의 생활비를 지급하며, 각종 편의시설을 무료로 이용할 수 있다.

이 같은 복지는 우둥차이 회장의 기업 이념과도 관련이 있다. 그는 '기업을 통한 사회주의 실현'을 이루고자 했다. 그래서 융강 그룹의 수익 가운데 매년 약 170억 원을 융롄촌 복지를 위해 투자한다. 덩샤오핑이 말한 중국 특색의 사회주의 시장경제에 부합하는 사례다.

지독하게 가난하던 농촌 마을에서 누구나 꿈꾸는 부자 마을로의 대변신은 기적과도 같은 일이다. 산업화로 인해 농촌 사회는 쇠퇴의 길을 걷는 경우가 많지만, 융롄촌은 전혀 다른 비전을 보여주었다. 그 중심에 공산당의 리더십이 있었다.

**우둥차이**
융강 그룹 회장, 융롄촌 당서기

중국 천천만만의 공산당원은 모두 저와 마찬가지로 전심전력으로 인민에게 봉사하고 '공동부유'라는 목표를 향해왔습니다. 그래서 오늘의 중국이 있는 겁니다.

중국은 참 독특한 사회다. 하루가 다르게 화려한 자본주의의 옷을 갈아입으면서 한편에서는 여전히 혁명가를 부르고 그 시절의 향수를 떠올린다. 이 때문에 세계인들은 중국이 시장경제로 성공했다는 사실을 신기해한다. 하지만 중국인은 "이 모든 성공이 공산당 덕분"이라고 말한다. 그것을 상징적으로 보여주는 곳이 바로 융롄촌이다.

# 중국 공산당이 풀어야 할 과제

## 공산 정권을 반대하는
## 홍콩

아시아 금융과 무역의 중심지인 홍콩은 아름다운 야경으로도 유명하다. 작은 섬 도시지만 경제적 부를 누렸으며, 관광객에게는 쇼핑의 천국이다. 사실 홍콩은 역사적 부침이 심한 도시다. 아편전쟁에서 진 중국이 영국에 강제로 빼앗긴 도시가 바로 홍콩이기 때문이다. 1997년 영국은 약속대로 홍콩을 중국에 반환했다. 중국은 자국의 섬 도시를 돌려받은 셈이지만, 영국령으로 사회주의 체제와 전혀 상관없이 자유롭게 살아온 홍콩 주민들에게는 엄청난 혼란이었다. 당시 홍콩 시민들은 홍콩의 중국 반환은 곧 죽음이라며 대규모 이민을 떠나기도 했다. 하지만 시간이 지남에 따라 홍콩을 탈출하는 사람은 점차 사라졌으며, 이민 갔던 사람도 다시 돌아오는 등 안정을 되찾는 듯 보였다.

2014년 9월, 성난 군중이 홍콩 도심을 점령했다. 중국 정부가 홍콩 행정장관 선거에서 사실상 친중, 친공산당 인사만 후보가 될 수 있도록 제한하면서 시위가 시작된 것이다. 처음에는 대학생, 지식인 중심의 시위였으나 점차 중고등학생, 일반인까지 참여했다. 시위가 확산된 이유는 공산당이 홍콩을 중국화하려 한다는 홍콩인의 오랜 불만이 폭발했기 때문이다. 홍콩 시민은 홍콩 정부가 시민의 편에 서지 않고 중국의 기득권 보호에 힘쓴다고 생각한다.

홍콩은 중국에 반환된 후에도 독자적인 헌법, 행정부, 법원을 가진 고도의 자치권을 유지했다. 그런데 중국 정부는 홍콩 행정장관을 선거인단에 의한 간선제를 통해 선출하려 했다. 이는 친중파가 당선되기 용이한 구조다. 홍콩 시민은 온전한 서구식 보통선거인 직선제를 요구했다. 하지만 중국 정부로서는 절대 용인할 수 없는 요구였다. 공산당은 혼란과 분열을 좌시하지 않기 때문이다. 홍콩 정부는 최루탄, 최루액, 살수차까지 동원해 진압에 나섰다. 하지만 시민들은 물러서지 않고 우산을 이용해 최루액을 막아내면서 저항했다. 이로 인해 이 시위는 '우산 혁명'이라는 별칭이 붙었다.

2000년대 후반부터 홍콩 시민들의 민주화와 자치에 대한 요구가 거세지자 2007년에 결국 중국은 간접 선거로 뽑는 행정장관 선출 방

홍콩 2014년 10월

시진핑

권력은
인민으로부터 나온다

홍콩 행정장관 선거를 앞두고 공산 정권에 대한 불만으로
홍콩 시민들이 대규모 시위를 벌였다.

식을 2017년부터 직접 선거로 바꾸는 안을 수용했다. 하지만 2014년 전국인민대표회의에서 직선제 입후보 자격을 제한한다는 결정을 내리면서 직선제는 눈 가리고 아웅 하는 방식에 불과하게 되었다. 직선제를 해봤자 민주파나 반중파 인사가 홍콩 행정장관이 되는 일은 애당초 불가능하다. 후보로 나설 수 있는 사람은 전국인민대표대회의 허가를 받은 친중파이기 때문이다. 즉 홍콩 시민은 친중파 후보 여러 명 중 한 명을 뽑는 직선제를 하게 되는 셈이다.

그렇다고 우산 혁명의 성과가 아예 없는 것은 아니다. 중국이 약속한 높은 수준의 자치권과 일국양제가 지켜지지 않았다는 사실을 세계에 알렸으며, 수면으로 떠오른 홍콩인의 자유에 대한 갈망을 확인하는 계기가 되었다.

**리처드 맥그리거**
〈파이낸셜 타임스〉 워싱턴 지국장

홍콩에서 일어난 일이 중국 전체에는 중요하지 않을 수도 있지만, 홍콩을 둘러싸고 있는 주변 지역은 확실히 다를 겁니다. '홍콩 사람은 선거로 정부를 선택할 수 있는데 왜 우리는 아니지?'라고 생각할 테니까요. 중국은 이런 상황을 원치 않겠죠.

## 지나친 권력 집중이 가져온
## 부패

1927년 마오쩌둥은 이렇게 말했다.
"모든 권력은 총구로부터 나온다."

중국의 권력 투쟁은 군을 장악하기 위한 투쟁이었으며, 군이 당을 향해 몇 번이나 총구를 겨누었다. 그로부터 10년 후 마오쩌둥은 군을 장악하면서 '당지휘창黨指揮槍'이라는 원칙을 내세웠다. "당이 총을 지휘한다. 총이 당을 지휘하는 것을 절대 허용하지 않는다"는 뜻이다.

현재 중국에는 인민해방군은 있지만 국군은 없다. 인민해방군은 당의 지시에 따라 움직이는 당군이다. 다른 분야에서도 마찬가지다. 중국 제1의 방송국인 CCTV는 국영 방송사가 아니라 당영 방송사이며, 정치인은 당직이 곧 공직이 된다. 한 마디로 중국의 권력은 모두 공산당에 있으며, 공산당의 당령은 헌법보다 더 우위에 있다.

이 같은 권력 집중은 필연적으로 부패를 불러온다. 전 충칭 시 당서기 보시라이는 대기업과의 검은 유착, 천문학적인 재산의 해외 도피 등으로 공산당 권력의 치부를 드러냈다. 그는 명문가 출신으로 충칭 시를 경제성장률 전국 2위의 도시로 만들며 국민적 인기를 끌었던 인물이다. 그런데 가족까지 연루된 부패 스캔들이 폭로되면서 중국 사회에 큰 파문을 던졌다.

중국 고위 지도부의 부패는 대체로 비슷한 유형을 보인다. 가족을 내세워 국가의 핵심 이권을 가지고 장사를 할 수 있게 뒤를 봐준 뒤 천문학적인 돈을 해외로 빼돌리는 방식이다. 그러면서도 검소한 정치인의 이미지를 내세운다. 중국 총리 원자바오는 양말도 꿰매 신는 서민적인 지도자로 대중의 지지를 받았지만 그와 부인, 아들, 딸, 동생, 처남 할 것 없이 많은 재산을 보유하고 있으며 전 가족의 자산이 3조 원에 이른다는 〈뉴욕 타임스〉 기자의 보도가 있었다.

**데이비드 샴보**
미국 조지워싱턴대학교 교수

통계를 보면 중국은 정치 엘리트와 금융 엘리트가 일치합니다. 그들의 자산은 어디에 있을까요? 답은 해외입니다. 외국 은행 계좌, 해외 부동산이죠. 그들의 자녀는 외국 대학에 다닙니다. 어느 국가건 정치, 경제의 엘리트가 한쪽 발을 다른 곳에 담그고 있다면, 그것은 곧 그 국가의 불안정성을 보여주는 겁니다.

관료의 부패는 통치 기반을 흔들 수 있다. 공산당 지도부도 이를 모르지 않는다. 이 때문에 시진핑은 "부패에 관한 한 호랑이와 파리까지 모두 잡겠다"고 선언하며 반부패 전쟁을 벌였다. 그 결과, 최근 2년 동안 장차관급 55명을 포함해 관료 18만 명이 부패로 낙마했다.

보시라이 무기징역 선고 2013년 9월 22일

고위 관료의 부패 문제는 공산당이 풀어야 하는 또 하나의 과제다.

심지어 "상무위원은 처벌받지 않는다"는 공산당의 불문율마저 깨트리고 전 공산당 정치국 상무위원이었던 저우융캉도 처벌의 대상이 되었다. 공산당 역사상 유례없이 엄격한 사정 정국이 펼쳐졌다.

"부패는 숙청하고 여론은 통제한다."

최근 드러나고 있는 중난하이, 즉 공산당 리더십의 핵심은 이와 같다. 시진핑은 최대 과제를 부패 척결과 공평성의 실현으로 두고 이를 위해서는 누구든 처벌의 칼을 피할 수 없다고 강조한다.

"공직자가 법을 어기면 당과 인민에게 죄를 짓는 것이다. 공직자는 돈 벌 생각을 말아야 한다."

시진핑이 관료에게 요구한 것이다. 하지만 고위 관료부터 하급 관

료까지 그들이 가진 권력으로 부를 쌓는 일은 여전하다. 베이징 국제
경제윤리연구중심에 따르면 중국 사회의 뇌물과 탈세액이 중국 전체
GDP의 15%에 이르는 것으로 추산될 정도니 부패 척결의 길은 아직
도 요원해 보인다.

**데이비드 샴보**
미국 조지워싱턴대학교 교수

부정부패는 강한 전염성을 가지고 있어서 체계적으로 사회와 당과
군대, 경제 전반으로 확산되어 공산당을 파멸시킬 수도 있습니다. 중
국의 지도자 장쩌민, 후진타오, 시진핑이 "부정부패는 우리 당의 삶
과 죽음의 문제다"라고 말한 이유입니다.

## 불안을 드러낸
## 공산당 리더십

1989년 6월 4일, 톈안먼 광장 등에
서 반정부 시위가 일어났다. 당시 중국 정부의 강력한 진압으로 사망
자만 수천 명에 달했다. 그로부터 26년이 지난 지금까지 톈안먼 시
위처럼 공산당 정권을 뿌리째 흔들 만큼 대규모의 시위는 없었다.

하지만 중국에서는 해마다 20만 건에 가까운 각종 시위가 벌어진다. 국민소득의 증가와 함께 중국 국민의 욕구가 다양해졌기 때문이다. 이전에는 먹고 사는 문제가 급했지만 지금은 더 많은 자유와 더 좋은 환경을 요구하는 목소리가 커지고 있다. 앞으로 이러한 요구는 더 강력해질 가능성이 높다. 물가 상승, 양극화 현상, 높은 실업률, 관료의 부패 같은 변수가 결국 국민의 불만에 불을 붙일 수밖에 없을 것이다.

흔히 공안이라 불리는 중국의 정규 경찰력은 160만 명이다. 중국 공산당은 시위 장소에 공안을 투입해 외신 기자의 현장 취재를 막는 것은 물론이고 막강한 공권력을 행사하여 시위가 더 크게 번지지 않도록 철저히 사전에 봉쇄한다. 하지만 이는 중국 국민의 불만까지 완전히 잠재우지는 못한다.

2013년 중국 정부는 시진핑 주석이 직접 지시한 것으로 알려진 '9호 문건'을 당 주요 간부에게 전달했다. 9호 문건은 1급 비밀경고다. 이 비밀경고는 7가지 주요한 체제 전복 기류를 제거하지 않으면 권력을 잃게 된다는 경고를 담고 있다. 9호 문건에 언급된 7가지 위험한 요소는 다음과 같다.

1. 인권 등 보편적 가치
2. 언론 자유

3. 시민 사회

4. 시민의 권리

5. 당의 역사적 과오

6. 엘리트 자산가

7. 사법 독립

9호 문건에서 간주한 위험 사상에는 인권, 자유, 시민 등의 보편적인 가치도 포함되어 있다. 9호 문건이 당 조직을 통해 집중적으로 강조된 이후 수십만 명의 언론인과 대학 교수 등 지식인들은 이에 대해 대대적인 학습을 받아야 했다. 이 일은 두 가지 점에서 주목할 필요가 있다. 첫째, 중국 공산당이 체제 전복의 위험성이 있다고 생각

**2013년 주요 간부들에게 전달된 9호 문건은 7가지 위험 요소에 대한 경고를 담고 있다.**

할 정도로 중국 국민의 민주화 요구가 거세지고 있다는 것이다. 이를 뒷받침하듯 중국 공산당 기관지인 〈인민일보〉는 "발전 중인 중국은 반드시 민주화의 함정을 경계해야 한다"고 경고했다. 둘째, 중국 공산당이 밖으로 내보이는 자신감과 달리 두려움을 가지고 있다는 것이다. 이에 대해 〈뉴욕 타임스〉는 "시진핑은 경제 둔화, 부패에 대한 대중의 분노, 정치 개혁에 성급한 기대를 거는 자유주의로부터의 도전에 당이 위협받을 수 있다는 두려움을 가지고 있다"고 논평했다.

**데이비드 샴보**
미국 조지워싱턴대학교 교수

중국 공산당이 2013년에 9호 문건이라는 비밀문서를 배포했는데, 일종의 서구로부터의 체제 전복 위협과 관련된 지침이었습니다. 시민 사회는 없다, 열린 미디어도 없다, 직접 선거도 없다, 인터넷도 없다는 겁니다. 이는 중국 공산당이 매우 불안해하며 때로는 편집증적이기도 함을 보여줍니다. 이건 자신감 있는 당의 모습이 아니죠.

중국 지도부는 내부의 혼란을 철저히 통제하면서 대외적으로는 중국의 위상을 높이는 데 총력을 기울인다. 그 방법의 하나로 시진핑 주석은 기회가 있을 때마다 중화 민족의 부흥을 강조하고 영토, 역사

분쟁에 날을 세운다. 이는 중국 내에서 큰 지지를 얻고 있다. 정치 개혁에 대한 요구와 별도로 '강하고 부강한 중국' 또한 중국인의 열망 중 하나이기 때문이다.

## 경제성장의 이면에서
## 고통받는 사람들

　　　　　　　　　　　21세기 중국 권력의 핵심인 공산당은 중단 없는 성장을 이어왔다. 세계에서 유례를 찾기 힘든 초고속 경제 발전을 진두지휘했고 중국의 위상을 드높였다. 하지만 오늘날 중국의 경이로운 성장은 수많은 농촌 출신의 농민공과 도시 빈민의 희생 위에 쌓아올린 것이다. 그런데도 정작 이들의 삶은 나아질 기미가 보이지 않는다.

　도시 빈민 최소 1억 명. 중국 사회주의는 13억 인구를 배고픔에서 해방시켰지만 그들을 골고루 잘살게 하는 데는 이르지 못했다. 소득 불평등 정도를 나타내는 지니 계수가 0.73까지 치솟아 이미 위험수위를 넘어섰을 뿐 아니라, 세계에서 빈부격차가 가장 큰 국가 중 하나가 되었다.

　베이징대학교가 2014년 7월에 발간한 〈중국민생발전보고 2014〉에 따르면 중국의 상위 1%가 전국 자산의 3분의 1을 가지고 있으며,

중국의 경이로운 경제성장 이면에는 1억 명 이상의 도시 빈민과
위험 수위를 넘어선 소득 불평등 문제가 숨어 있다.

하위 25%는 고작 1%만 보유하고 있다. 덩샤오핑은 선부론을 내세우며 "능력 있는 자가 먼저 부자가 된 뒤 모든 이가 잘 살 수 있도록 하겠다"고 했지만, 이는 결코 이룰 수 없는 허언이 되었다. 자본이 더 많은 이익을 내는 자본주의의 특성상 자본을 먼저 선점한 자는 더 많은 자본을 가지게 되어 있다. 베이징을 비롯한 대도시의 주택 가격과 생활비가 급속도로 올라가는 상황에서 평범한 직장인에게 저축은 무리다. 그야말로 하루 벌어 하루를 살아나가야 한다.

그나마 직장을 가진 사람은 운이 좋은 편이다. 중국 경제가 고부가가치 산업으로 이동하면서 실업률 또한 높아지는 추세다. 자본주의 마인드를 장착한 중국 기업은 경쟁력과 효율성을 강조하면서 고용 창출에 수동적이며 정리해고에는 적극적이다. 자본주의 시스템 안에 있는 대부분 국가가 그러하듯 중국 역시 기업의 슬림화가 진행되고 있다.

이런 상황에서 중국이 안고 가야 하는 문제가 많다. 농촌과 도시의 빈부격차도 문제지만, 일자리를 찾아 도시로 올라온 농민공의 빈민화도 만만치 않다. 중국 정부는 2020년까지 절대 빈곤을 퇴치하겠다는 목표를 세우고 2011년부터 '농촌 빈곤 퇴치 10개년 계획'에 착수했다. 도시 농촌 간의 빈부격차 해소와 부의 재분배를 위해 투자를 확대하겠다는 것이다. 이 전략이 어느 정도 성과를 낼지는 앞으로 기대해볼 만 하지만, 이미 극심해진 빈부격차를 해소하는 데에는 많은 어려움이 따를 것이다.

중국이 가진 문제 중에는 다른 나라에서 찾아볼 수 없는 '헤이하이즈' 문제도 있다. 헤이하이즈는 호적을 갖지 못한 자녀를 일컫는 말인데, 헤이하이즈로 불리는 무호적 자녀가 도시의 유령처럼 떠돌고 있다.

1979년에 정권을 잡은 덩샤오핑은 출산장려 운동을 펼쳤던 마오쩌둥과 달리 '독생자녀제獨生子女制' 정책을 펼쳤다. 독생자녀제는 1가구 1자녀를 원칙으로 한다. 한 가구당 한 아이만 낳을 수 있도록 제한한 것이다. 급속도로 늘어나는 인구를 제한하기 위한 정책이지만 당시 농민들에게는 매우 치명적이었다. 자녀 한 명만으로는 농사일을 할 노동력을 확보할 수 없기 때문이다. 더군다나 중국은 남아선호 사상이 강하게 남아 있는 나라다. 남아 여아를 가리지 않고 단 한 명의 아이만 키우는 것은 관습적으로도 용납되지 않았다.

하지만 중국 정부의 의지는 강했다. 1가구 1자녀 정책을 어길 경우 거의 3년 치 소득에 해당하는 큰돈을 벌금으로 물어야 했다. 만약 셋을 낳게 되면 벌금은 몇 배로 불어나 웬만한 가정은 벌금을 지불할 수조차 없었다. 그러다 보니 많은 국민이 아이를 낳은 후 호적에 올리지 못하고 법외 자녀로 키워야 했다. 헤이하이즈는 부모가 중국인이고 중국에서 태어났음에도 중국인이 될 수 없는 비극적인 운명을 감당한 채 살고 있다.

헤이하이즈라 불리는 무호적자는 학교를 다닐 수도 일자리를 구할 수도 없다.

　무호적으로 살아가는 리쉐라는 소녀는 지금까지 학교에 다녀본 일이 없다. 그렇다고 일을 찾을 수 있는 것도 아니다. 모든 것이 다 실명제라 기차를 타거나 감기약을 살 수도 없다. 신분증이 없으면 어떤 것도 할 수 없다.

　현재 중국의 무호적자는 1,300만 명에 달한다. 이들 대부분이 1가구 1자녀 정책 때 호적에 올라가지 못해 무호적자가 되었다. 이전에는 무호적자가 어느 정도인지 그 수조차 파악하지 못했다. 그런데 2011년에 중국 정부에서 실시한 6차 인구 조사에서 자신이 무호적자임을 신고하면 호적에 올려주겠다는 조건을 내걸어 그나마 이 정도의 수가 밝혀졌다. 이때 많은 이들이 호적을 얻었지만 여전히 무호적자는 존재하며, 그들은 사회 제도의 어떠한 혜택도 받지 못한 채 어둠 속에서 떠돌고 있다.

중국이 지속적인 성장을 하기 위해서는 계층 간의 불평등, 도시와 농촌 간의 불평등, 무호적자 등 다각도로 산재해 있는 불평등 문제부터 해결해야 한다. 어느 사회든 다층적인 불균형을 그대로 안고서는 진정한 발전을 이룰 수 없다.

---

## 인민의 지지는
## 계속될 것인가

베이징에는 시진핑 주석이 다녀간 후로 명소가 된 만둣가게가 있다. 시진핑은 이 가게에서 사람들 사이에 섞여 앉아 격식 없이 만두를 먹었다. 사람들은 시 주석이 보여준 소탈한 면모에 뜨거운 반응을 보였다. 이는 중국 지도부가 민심을 다스리는 방식이다. 이뿐만 아니다. 국민들의 불만이 높은 공산당 고위 관료의 부패 문제에 대해서는 무서운 칼날을 들이댄다. 한때 공산당 최고 실력자 중 하나였던 보시라이는 무기징역을 선고받기도 했다.

**제임스 스타인버그**
전 미국 국무부 부장관

민주주의가 아니고 투표를 하지도 않지만 중국 리더십은 국민이 무엇을 싫어하는지 잘 알고 있습니다. 베이징과 상하이에 스모그가 많고 물이 오염되는 문제 등 여러 가지를 말이죠. 중국 지도자들은 투표나 인터넷을 통한 민주주의 대신에 국민과 소통하고 의견을 반영하는 그들만의 방법을 만들어냈습니다.

덩샤오핑은 인민을 부유하게 했고, 시진핑은 인민을 강하게 만들고 있다는 평가를 받는다.

역사적으로 중국은 오랜 시간 세계에서 제일 큰 경제 대국이었다. 중국의 쇠락은 약 200년 전에 시작됐다. 그래서 대부분 중국인은 예전의 모습을 회복해 다시 세계 제일이 되고 싶어 한다. 시진핑이 말하는 '중국의 꿈'은 중국인에게 늘 잠재해 있던 것이다. 최근 중국은 이 꿈을 현실화하고 있는 것처럼 보인다. 하지만 초고속 경제성장은 양날의 검과 같다. 나라를 부유하게 만들었지만 적지 않은 병폐도 남겼다.

돈이 있는 자와 없는 자, 힘을 가진 자와 못 가진 자, 그 격차가 날로 벌어진다. 사회주의 중국의 현실이다. 그런데도 중국인은 미래에 대해 아주 낙관적이다. 60% 가까운 중국인이 미국을 넘어 중국이 슈퍼파워가 될 것으로 생각한다.

**조너선 폴락**
브루킹스 연구소 중국센터장

중국인은 중국 공산당의 작동 방식을 탐탁지 않아 하는 사람이라도 중국이 성취해낸 것에 대해 굉장한 자부심이 있습니다. 중국의 민족주의 혹은 애국심은 굉장한 힘입니다. 중국 사람들은 중국이 세계 국가의 위계질서에서 본래의 위치로 돌아가고 있다고 생각합니다.

중국이 미국을 제치고 슈퍼파워가 될 것이다

그렇다 59%

아니다 20%

무응답 21%

출처 : 퓨리서치 2014년

**심각한 양극화의 문제가 있지만 많은 중국인은 중국의 미래에 대해 낙관적이다.**

**리처드 맥그리거**
〈파이낸셜 타임스〉 워싱턴 지국장

중국인 개개인은 시스템과 잘 지낼 때 가장 큰 보상이 주어집니다.
시스템이 큰 혜택을 주기 때문이죠. 그렇게 하지 않으면 시스템이
삶을 파괴할 수 있습니다. 현재의 중국인을 이해하는 데 이 점을 잊
지 말아야 합니다.

마오쩌둥이 신중국을 건설한 지 60년이 지났다. 짧지 않은 시간이
다. 중국 공산당은 시대에 따라, 또 인민의 요구에 따라 마치 살아 움

직이는 생명체처럼 진화에 진화를 거듭해왔다. 그런데 앞으로도 중국 공산당은 성공의 길을 걸을 수 있을까? 중국 공산당이 지금처럼 강한 일당 지배력을 가지기 위해서는 무엇보다 인민의 지지가 바탕이 되어야 한다. 아직까지 공산당에 대한 중국인의 지지는 유효한 것처럼 보인다.

**리처드 맥그리거**
〈파이낸셜 타임스〉 워싱턴 지국장

중국은 더 교양 있는 사람이 많아질 것이고, 반드시 민주주의를 원하지는 않더라도 더 좋은 정부를 원하게 될 겁니다. 그들은 깨끗한 정부, 책임감 있는 정부, 더 투명한 정부를 원하게 될 겁니다.

**세춘타오**
중국 공산당 중앙당교 교수

18대 4중전회 이래로 시진핑은 여러 차례 세 가지 방면의 자신감을 강조했습니다. 중국 특색의 사회주의의 길과 이론과 제도의 자신감입니다. 중국 공산당은 점점 더 자신 있게 가고 있습니다. 그 길을 성공적으로 걷고 있고 미래를 확신하기 때문입니다.

# 《슈퍼차이나》를 출간하며

---

**6개의 힘의 프레임으로
중국을 보다**

"PD는 프로그램으로 말한다."

오랫동안 PD의 세계에서 내려오는 금언(金言)이다. 특히 다큐멘터리는 치열한 취재, 효과적인 구성과 유려한 편집으로 시청자를 감동시키는 것이 PD의 최대 덕목이고, 프로그램 밖에서 PD가 하는 말은 사설 정도로 치부되었다. 〈슈퍼차이나〉는 다큐멘터리 7편, 스튜디오 토론까지 더한다면 모두 8편에 총 450분의 방송 시간을 기록했다. 그런데도 같은 제목의 책을 출간하게 된 것은 방송에 채 담지 못한

진진한 얘기들이 아우성치고 방송 이후 전개됐던 상황들, 즉 제작진의 예상을 뛰어넘는 사회적 파장에 힘입어 시청자나 독자와 또 다른 소통의 필요성을 느꼈기 때문이다.

〈슈퍼차이나〉가 전파를 탄 이후 제작진은 기대 이상의 관심을 받았다. 2015년 벽두부터 SNS와 온·오프라인에서 큰 화제가 되었으며, 다큐멘터리로는 드물게 10%가 넘는 시청률을 기록했다. KBS 사내 우수 프로그램을 시작으로 방송통신심의위원회 이달의 좋은 프로그램상, 여의도클럽 다큐멘터리 부문 우수상을 받는 등 수상 행렬이 이어지고 있다.

〈슈퍼차이나〉에 대한 반향은 중국에서 더욱 강렬하다. CCTV, 〈신화사〉, 〈인민일보〉 등 빅3 언론사를 필두로, 베이징의 〈신경보〉, 상하이 SMG 그룹 산하의 동방위성TV 등 10여 개 주요 매체가 제작진과 한중 양국의 전문가를 직접 취재해 기사를 내보냈다. 특히 CCTV는 춘절 연휴 동안 총 60분 정도 특별 코너를 마련해 〈슈퍼차이나〉 7편의 내용을 소개함과 동시에 두 나라에서 확산되고 있는 〈슈퍼차이나〉의 열기를 꼼꼼하게 분석했다. 중국 매체 이외에도 AP통신과 영국, 독일의 언론도 〈슈퍼차이나〉에 관심을 보이며 관련 리포트를 제작하기도 했다. 중국 대륙의 뜨거운 반응에 힘입어 〈슈퍼차이나〉는 중국 내 방송권과 도서 판권에 대한 계약이 아주 좋은 조건으로 진행되었으며 6월에 열리는 상하이 TV 페스티벌에도 초대되었다.

　사람들이 〈슈퍼차이나〉에 열광하는 이유는 무엇일까? 사실 중국은 우리에게 새로운 화두가 아니다. 2014년 구매력평가지수(PPP)로 환산한 중국의 GDP가 이미 미국을 넘어섰다는 관측이 나오는 가운데, 2015년 2월 한중 FTA가 가서명되면서 두 나라의 경제 협력은 한층 심화될 전망이다. 〈슈퍼차이나〉는 총 7편의 다큐멘터리를 통해 분야별로 중국의 부상을 속속들이 보여줌으로써 변화하고 있는 중국을 보다 자세하고 종합적으로 조망할 수 있게 했다. 한국콘텐츠진흥원 박웅진 수석연구원의 표현대로 〈슈퍼차이나〉는 "TV판 중국 대백과사전"이라고 할 정도로 중국이라는 방대한 나라를 샅샅이 파헤쳤다. 중국이 세계적으로 부상하는 시대에 〈슈퍼차이나〉는 시청자의 니즈를 파고든 프로그램이었고, 제작진은 이를 통해 중국을 다룬 콘텐츠에 대한 우리 사회의 잠재 수요를 확인했다.

　급속히 변화하는 사회에 살고 있는 중국인에게는 〈슈퍼차이나〉가 자신을 들여다보는 거울의 역할을 했다. 중국인은 외국 매체, 특히 서양 언론이 항상 약간 비뚤어진 시각으로 자신들을 바라본다는 생각을 거둘 수 없었고, 자국 매체는 일방적인 자화자찬으로 끝나기 일쑤여서 자신들의 진면모가 제대로 투영된다고 믿지 않았다. 하지만 많은 중국인은 〈슈퍼차이나〉를 통해 자신들의 현재 모습을 객관적으로 볼 수 있다고 믿고 있으며, '중화왕'이라는 포털에서만 2015년 3월 25일까지 2,300만 건이 넘는 동영상 조회 수를 기록했다.

어떤 프로그램이 전파를 타는 순간 그것에 대한 평가는 온전히 시청자의 몫이다. 〈슈퍼차이나〉에 관하여 때로는 제작진의 의도와는 전혀 다르게 이해하고 해석하는 부분도 있지만, 이러한 논의가 결국은 한중 양국 시청자들 사이에서 상호 이해의 지평을 확대하는 계기로 작용하고 있다. 제작진은 〈슈퍼차이나〉의 국내 발간에 이어 중국어판의 발간까지 계획하고 있어, 두 나라 국민들이 〈슈퍼차이나〉를 통해 정말 이웃사촌으로 거듭나는 길이 더욱 탄력을 받을 수 있으리라 기대한다.

〈슈퍼차이나〉 출간과 함께 프로그램에 출연해준 세계 20여 개국 200여 명의 출연자, 기획과 제작 과정에서 도움을 준 전문가 선생님들, 과분한 추천의 글을 써주신 모든 분께 제작진의 한 사람으로서 감사의 말씀을 올린다. 특히 외국 사절로는 드물게 추천사를 작성하는 용단을 내리신 주한 중국대사관의 추궈훙 대사님께 특별히 감사의 말을 전하고 싶다. 〈슈퍼차이나〉의 성공 뒤에는 수많은 작가와 AD를 비롯해 자료조사, 촬영, 음악, NLE 편집, CG, 특수영상, 그리고 방송 말미 스태프 스크롤에 미처 이름을 올리지 못했던 각 분야 최고 전문가들의 헌신이 있었고, 이것이 한 권의 책으로 나오기까지는

KBS미디어와 가나출판사 관계자들의 노고가 있었다. 〈슈퍼차이나〉는 슈퍼급 스태프와 전문가가 있었기에 가능한 것이었다. 마지막으로 장기간 출장과 편집으로 가장으로서의 역할에 충실하지 못했던 점을 묵묵히 이해하고 성원해준 아내 상숙과 딸 소정에게 이 자리를 빌어서나마 사랑을 전하고 싶다.

2015년 1월 제작진은 첫 아이를 세상에 내보내는 불안한 부모의 심정으로 〈슈퍼차이나〉를 방송했다. 그리고 이제는 그때보다 조금은 편안한 마음으로 이 책을 독자들에게 선보인다. 방송을 본 많은 시청자가 관심을 보여주셨듯이, 이제는 이 책을 통해 많은 독자 여러분의 고견과 채찍을 기대한다.

2015년 4월 KBS 기획제작국 박진범

## 중국의 미래는
## 어떤 모습일까

지난 1년 동안 〈슈퍼차이나〉를 제작하면서 중국은 물론이고 아프리카와 남미, 동남아에 이르기까지 중국이 뻗어 나가고 있는 세계의 현장들을 확인할 수 있었다. 어떤 나라와 어떤 이들에게 슈퍼차이나는 기회이자 선물이지만 또 다른 나라와 사람들에게는 불행이자 고통이기도 했다. 개발이 덜 된 제3세계 국가에 슈퍼차이나는 두 가지 얼굴로 다가오고 있었다. 자본력을 가진 권력층에게 중국은 축복이었지만 농민이나 노동자 같은 힘 없는 계층에게는 다른 의미였다.

아프리카 잠비아의 폐광은 많은 것을 말해주고 있었다. 중국 국영 기업이 소유한 광산에서는 저임금을 받으며 안전 장비 없이 중노동에 시달리던 현지 주민들이 여러 차례 폭동을 일으켜 급기야 중국 관리자와 현지 주민 몇몇이 죽음에 이르는 상황까지 가고 말았다. 페루의 5,000m 산악지대에 위치한 한 마을도 중국의 광산 기업 때문에 일자리를 잃은 주민들이 생존권을 위해 힘겨운 투쟁을 하고 있다.

중국은 과거 30년과 같은 초고속 경제성장 대신 연간 7% 내외의 점진적 성장을 하고 있다. 이 정도의 성장이 20년만 지속된다면 미국을 제치고 명실공히 세계 최강의 경제 대국이 될 것이다. 경제 패권을 거머쥐면 군사 패권도 자연히 따라온다. 역사적으로 볼 때 돈은 결국 강대국과 패권국으로 가는 보증수표였다. 시기가 문제일 뿐 슈퍼차이나 시대는 올 것으로 보인다. 미국과 중국이 양분하는 체제이든 여러 나라가 분점하는 형태이든 중국만이 유일 강국이 되는 체제 중 하나가 될 것이다.

지금까지 어떤 나라도 패권국이 되면 결국 자기 나라의 이익을 위해 행동하고 국제 질서를 좌지우지해왔다. 과거 로마제국이 그랬고 해가 지지 않는 나라 대영제국이 그랬다. 세계의 경찰을 자처하며 전 세계에 군대를 파견한 현재 유일 패권국인 팍스 아메리카나도 결국은 자국의 생존과 이익 추구가 본질이다. 그렇다면 미래의 중국은 어떤 모습일까? 중국도 지금까지의 패권국들과 같은 길을 걷게 될 것인가? 팍스 시니카 시대가 중국 사람에게 또한 세계인에게 기회이자 축복이 되는 시대가 되기를 희망해보는 것은 너무나 순진한 생각일까?

슈퍼차이나의 실체를 알아내기 위해 떠났던 12개국 취재의 여정은 이제 끝났다. 이 프로그램이 방송되기까지 살신성인의 자세로 고생한 리서처들과 AD의 노력에 경의를 표한다. 그리고 슈퍼차이나 호의 선장을 맡아서 끝까지 책임을 지고 방향을 잡아준 한창록 선배께 고마움을 전한다. 마지막으로 가장의 빈자리를 묵묵히 채워주며 고생한 아내와 열심히 공부하며 제자리를 지킨 아들 현종이와 딸 주희에게 이 책을 바친다.

2015년 4월 KBS 기획제작국 김영철

## 중국의 과거를 통해
## 미래를 그려보다

출간을 앞두고 보니 〈슈퍼차이나〉 프로젝트를 들고 처음 모였을 때의 막막함이 먼저 떠오른다. 꾸준히 중국에 관심을 가지면서 여러 책을 읽었고 중국을 오가며 중국에 대해 나름의 정의를 해왔지만, 막상 대기획 다큐멘터리 7편이 주던 압박감이란…….

상대는 내로라하는 석학도 쉽게 규정할 수 없다는 거대한 중국이었다. 섭외와 취재도 수많은 난관이 예상됐고 '슈퍼차이나'라는 타이틀 역시 도전이었다. 하지만 반전은 역시 팩트에 있었다. 자료조사와 취재를 깊게 하면 할수록 우리가 접근할 수 없었던 중국의 실체는 흔히 회자되는 슈퍼차이나 그 이상이라는 점을 확신하게 되었다. 우리는 세계 곳곳에 뻗어있는 중국의 힘을 확인했고, 상상할 수 없을 만큼 축적된 부가 베일에 가려져 있음을 알았다. 중국은 우리가 예상했던 것 이상으로 활기차고 자신감에 넘쳤다.

팩트는 넘쳐났지만 섭외는 항상 난항이었다. 그들은 우리(를 포함한 외신들)를 신뢰하지 않았고 더구나 살벌하게 진행 중인 부패 척결과 사정 정국으로 중국 전역이 움츠러든 상황이었다.

목표는 분명했다. 세계에 미치는 중국의 힘과 영향력이 어느 정도

인지, 그 의미는 우리에게 무엇인지 모두가 궁금해하고 있었다. 슈퍼차이나라는 현상이 잘 전달되도록 더 열심히 공부하고 최대한 설득하고 수많은 사람을 만나고 현장을 뛰어다닐 수밖에 없었다. 수없이 섭외와 취재를 거부당하고 장비를 압수당하기도 했다. 그러면서 절대로 촬영이 불가한 곳에서 딱 한 컷만 찍고 공안차를 뒤로 하고 도망치기도 하고, 절대로 트라이포드를 놓지 못한다는 천안문 광장에서 태연히 촬영하다가 검거될 뻔하기도 했다.

다행히 결과는 성공적이었다. 슈퍼차이나의 실체를 다양한 프레임으로 쉽게 전달한다는 우리의 진심이 잘 전달되었고, 시청자의 뜨거운 반응을 제작자로서 감사하게 받고 있다. 특히 '공산당 리더십' 편은 중국 공산당이 중국에서 어떤 존재인지를 가장 완성도 있게 잘 드러냈다는 여러 선후배의 격려가 있었다. 섭외와 취재가 난망이라는 우려가 많았지만 공산당이 현대 중국을 규정하기 때문에 〈슈퍼차이나〉에서 빠질 수 없는 내용이라는 판단으로 도전한 결과물이기에 더 감회가 새롭다.

〈슈퍼차이나〉가 중국의 현재와 미래를 정의한 것은 아니다. 중국의 수많은 문제점이 곧 중국을 붕괴시키고 분열시킬 수도 있다는 오랜 서방의 시각은 단지 그들의 희망일 수 있다는 점, 그래서 우리가 우리의 역사와 문화적 관점으로 중국을 해석하고 이해하는 것이 더 나을 수도 있다는 점을 보여준 프로그램이다. 5,000년이 넘는 우리 역사 속에는 언제나 중국이 있었다. 피로 물든 전쟁 뒤에 천하를 통일한 대륙의 통일 왕조는 세계 최대의 제국이자 부국이었다. 현재의 통일 중국은 역사 속의 한일까, 당일까, 명청일까? 중국 역시 역사에서 중화의 모델을 찾고 있고 우리도 그것을 통해 중국과의 미래를 그려볼 수 있을 것이다.

오랜 기간 각종 자료 정리와 섭외, 홍보 등을 뒤에서 챙기느라 고생한 리서처 이유리 씨, 최보미 씨와 조연출 진기태 씨에게 감사를 전한다. 1년이 넘는 대장정 동안 기획부터 마무리까지 인내의 리더십의 끝을 보여준 한창록 CP, 같이 날밤을 새우며 완성도에 공을 쏟은 신지현 작가, 오태규, 윤진성 편집감독, 대륙의 스케일을 담은 음악을 작곡해주신 심현정 음악감독 등 각 분야의 뛰어난 전문가들이 없었다면 〈슈퍼차이나〉는 없었을 것이다. 모두에게 감사의 마음을 전하며, 아직 응석을 부릴 나이에 한 달에 보름은 출장 준비에 보름은 출장이었던 아빠를 언제나 반갑게 맞아준 아들 성우와 지칠 때마다 언제나 최고의 응원과 지지를 보내주는 아름다운 아내 유지영에게 글을 바친다.

2015년 4월 KBS 기획제작국 황응구

KBS 특별기획 다큐멘터리

# 슈퍼차이나

초판 1쇄 발행 2015년 4월 30일
초판 17쇄 발행 2016년 2월 29일

지 은 이 | KBS 〈슈퍼차이나〉 제작팀

펴 낸 곳 | (주)가나문화콘텐츠
펴 낸 이 | 김남전
기획부장 | 유다형
책임편집 | 이정순
본문구성 | 김미조
교정교열 | 김현경
기획 1팀 | 이정순 서선행
디 자 인 | 손성희 김명희
마 케 팅 | 정상원 한웅 김태용 정용민
경영관리 | 임종열 김다운 허은진
인쇄·제책 | ㈜백산하이테크

출판 등록 | 2002년 2월 15일 제10-2308호
주      소 | 경기도 고양시 덕양구 호원길 3-2
전      화 | 02-717-5494(편집부) 02-332-7755(관리부)
팩      스 | 02-324-9944
홈페이지 | www.anigana.co.kr
이 메 일 | admin@anigana.co.kr

ISBN  978-89-5736-709-4 03320

* 이 책은 한국출판문화산업진흥원의 '2015년 한·중 출판콘텐츠 제작 지원' 사업에 선정, 제작 지원을 받았습니다.

이 도서의 국립중앙도서관 출판시도서목록(CIP)은 서지정보유통지원시스템 홈페이지
(http://seoji.nl.go.kr)와 국가자료공동목록시스템(http://www.nl.go.kr/kolisnet)에서
이용하실 수 있습니다.(CIP제어번호: CIP2015011407)